독자분들 스스로를
비출 수 있는 거울 같은
책이 되기를 바랍니다

이영

내 삶에 찾아온 역사 속 한 문장
필사노트

독립운동가편

독립운동가 편

내 삶에 찾아온
역사 속 한 문장

/ 필사노트 /

"역사란 과거와 현재의
끊임없는 대화이다."

- E. H. 카 -

들어가는 말

"역사, 그저 알아서 무슨 쓸모가 있어?"

위와 같은 질문 앞에서 역사를 포함한 인문학은 한없이 작아집니다. 언젠가부터 우리는 모든 대상을 현실에서의 쓸모를 기준으로 평가하고, 그 기준에서 벗어난 것들은 조롱의 대상으로 삼고 있습니다. 하지만 이러한 질문에 대해 가장 먼저 드는 의문점은 '쓸모'에 대한 정의입니다. 쓸모란 무엇이고, 쓸모가 있는 것과 없는 것은 어떻게 판단할 수 있는 것일까요?

저는 역사에서 많은 교훈을 얻었습니다. 역사에서 얻은 교훈이 현실적으로 얼마나 유용했는지 수치로 나타내기는 어렵습니다. 하지만 마음이 혼란스럽거나 세상의 난관에 직면할 때마다 역사는 늘 저에게 길잡이가 되어 주었다는 점은 확실히 말씀드릴 수 있습니다. 우리는 수천 년간 인류가 이어온 시간 위에 서 있습니다. 세월이 흐르면서 기술과 문명은 발달했지만 인간이 마주하는 삶의 딜레마와 고민의 본질은 크게 바뀐 것이 없습니다. 역사는 결국 사람이 만들어 내는 시간의 층위이기 때문에 지금 우리가 하는 고민은 이미 역사 속에서 수많은 선배들이 했던 것과 크게 다르지 않을 것입니다. 따라서 지나간 시간 속 그들의 지혜에 귀를 기울인다면, 현재의 난관을 극복하고 깨달음을 얻을 수 있을 것입니다. E. H. 카의 말을 빌려 조금 변용하자면, 역사란 시공간을 초월하여 나누는 대화이자 과거와 현재가 조우하는 대면의 장이라고 할 수 있습니다.

『내 삶에 찾아온 역사 속 한 문장 필사노트 독립운동가편』에서는 개항기와 일제 강점기로 건너가 독립운동가들과 대면하고자 합니다. 오늘을 살아가는 우리는 칠흑 같던 시대에 목숨을 내던진 독립운동가의 숭고한 희생에 경외의 마음을 품는 것이 마땅합니다. 다만, 더 깊이 역사를 이해하고 그 시대의 사람들과 진정으로 대면하기 위해서는 경외감을 표하는 것에 그쳐서는 안 됩니다. 과거를 현재로 이어받아 우리가 역사를 만들어 나가기 위해서는 그들의 삶에서 나의 삶에 적용할 수 있는 태도와 가치관을 도출해야 합니다.

이러한 태도와 가치관을 찾기 위해 수많은 독립운동가 중 의롭게 맞서 싸우고자 했던 의사, 굳건하게 절의를 지킨 열사, 신념과 통찰력을 바탕으로 촌철 같은 메시지를 전달하고자 했던 지사 51인을 엄선했습니다. 이제 그들의 어록을 통해 오늘날 당면한 삶의 문제에 질문을 던져 보고 각자의 답을 찾아보면 어떨까요?

저자 이영

차례

들어가는 말   6

PART 1 나의 힘으로 의롭게 맞서리라, 의사

01 한국만이 아니라 동양 평화를 위함이다 -이은찬-   14

02 망망대해에 떠돌게 될지라도 후회하지 않는다 -민긍호-   17

03 날이 추운 뒤에야 소나무, 잣나무가 시들지 않음을 안다 -안중근-   20

04 영원한 쾌락을 위한 것이니, 기쁜 얼굴로 사진을 찍읍시다 -이봉창-   24

05 잘못을 깨닫지 못하는 것만이 잘못이다 -홍범도-   28

06 내가 죽어도 나의 사상은 열매 맺을 것이다 -백정기-   32

07 변심치 않는 것이 위대한 것 -이규창-   36

08 뜻을 이루기 전에는 살아서 돌아오지 않는다 -윤봉길-   39

09 다시는 고국 향해 돌아갈 길 묻지 않으리 -김지섭-   43

10	독립은 스스로 싸워 찾아야 하는 것이다 -지청천-	48
11	청년들 가슴에 조그마한 충격을 줄 수 있다면 -강우규-	51
12	불가능하다는 것에 대해서는 생각한 바가 없다 -우재룡-	54
13	현재가 과거와 싸우면 미래를 잃는다 -김좌진-	57
14	나는 개새끼로소이다 -박열-	60
15	대장부 의기에는 작은 거리낌도 끼어들 수 없다 -박재혁-	64
16	싸우는 날에 자유는 온다 -김원봉-	67
17	이 순간을 나는 이미 오래전부터 각오하고 있었다 -조명하-	70
18	울어도 소용없는 눈물을 거두고 모두 일어서라 -박차정-	73
19	함께하자는 '자'로 부릅시다 -노백린-	77

:: 에필로그 1 불가능에 가까운 꿈을 품고 있는 사람들   80

PART 2 나의 절의를 굳건하게 지키리라, 열사

20	자신 있는 마음은 천만 개의 대포보다 강하다 -이준-	88
21	옳은 일을 했으니 비겁하게 삶을 구걸하지 마라 -조마리아-	92
22	내 죽음은 겨우 인(仁)을 이룰 뿐 -황현-	95
23	목적을 달성하기 위해 죽는다면 이 또한 행복 아니겠는가 -이회영-	98

24	우리 동포들이 다 평안한지요 -이대위-	102
25	나라를 구하는 데에는 남녀의 구별이 있을 수 없다 -윤희순-	105
26	대들보가 아닌 주춧돌이 되고 싶었다 -박찬익-	108
27	청년들이여 꿈을 가져라 -권기옥-	111
28	동포끼리는 사랑이란 것이 있어야 하겠다 -권병덕-	114
29	생각하되, 네 생각으로 하여라 -차미리사-	117
30	꺼진 등불에 불을 밝혀라 -김란사-	121
31	작고 사소한 일부터 시작해라 -조만식-	125
32	우리 동네만 잠잠할 수 있느냐 -유관순-	129
33	이것도 우리의 혁명이란다 -이화림-	132

:: 에필로그 2 힘이란 무엇인지 고민했던 사람들   135

PART 3 나의 신념으로 현명하게 맞서리라, 지사

34	마음속의 38선이 무너지고야 땅 위의 38선도 철폐될 수 있다 -김구-	142
35	청년이 죽으면 민족이 죽는다 -안창호-	146
36	땅속의 씨앗은 스스로 흙을 들치고 올라온다 -이승훈-	150
37	내가 청년이 되어야지 -이상재-	153

38	독립은 정신으로 이루어진다 -남자현-	156
39	우리 자신의 다리로 서야 한다 -김마리아-	160
40	나라는 형체요, 역사는 정신이다 -박은식-	163
41	우리는 오직 시대를 개척해야 할 의무가 있다 -안재홍-	167
42	산에서 흐르는 물이 바위를 뚫는다 -이동녕-	170
43	내가 사람이면 누가 뭐래도 나는 사람이다 -여운형-	174
44	이번 기회에 꼭 만세를 불러야 하겠소 -손병희-	178
45	러시아의 추위보다 나라를 잃은 나의 심장이 더 차갑다 -최재형-	182
46	나누면 망하고 합하면 흥하리 -이동휘-	186
47	이제 이 말뚝을 뽑아 버려야겠소 -김규식-	190
48	빼앗긴 들에도 봄은 오는가 -이상화-	194
49	오늘 하루 하늘을 우러르고 싶다 -김영랑-	197
50	나의 길은 언제나 새로운 길. 오늘도 내일도 -윤동주-	201
51	현대는 조선 청년에게 행운을 주는 득의의 시대이다 -한용운-	207

:: 에필로그 3   미래를 꿈꾸었던 사람들   211

나오는 말   216

PART 1

나의 힘으로
의롭게 맞서리라, 의사

'의로운 선비'라는 뜻의 의사(義士). '의롭다'의 개념은 다양하게 정의될 수 있지만, 독립운동가에게 있어 '의롭다'는 전투나 의거를 통해 일제와 싸우다 장렬하게 전사하며 대의(大義)를 위해 자신을 희생하는 태도를 가리킨다. 우리가 일반적으로 '독립운동가'라고 하면 가장 먼저 떠오르는 유형이 바로 '의사'이기도 하다.

우리는 어릴 때부터 나라를 위해 희생한 독립운동가에게 감사한 마음을 가지고 살아야 한다는 교육을 받으며 자랐다. 그러나 매일 진심으로 독립운동가에게 감사하는 마음을 다지며 살아간다고 자신 있게 답할 사람이 몇이나 될까? 독립운동가 덕분에 지금의 우리가 존재한다는 말이 무수히 회자되고 있지만 오히려 그 진정성은 옅어진 듯하다.

그렇다면 독립운동가에게 감사한 마음을 어떻게 표현해야 할까? 그들을 기리기 위해 국경일에 묵념을 하는 것이 전부일까? 독립운동가를 향한 감사의 표시는 그들의 정신을 우리 삶에 적용하여 그들이 목숨 걸고 지켜 내려고 했던 대한민국을 더 나은 사회로 이어가는 것이다.

지금부터 약 100년 전 19명의 의사들의 싸움에서 후세대인 우리가 배워야 하는 삶의 자세를 살펴보자.

· 01 ·

한국만이 아니라
동양 평화를 위함이다

– 이은찬 –

1907년, 일제는 고종 황제를 끌어내리고 황태자 이척을 대한 제국 제2대 황제 순종으로 즉위시키는 만행을 저질렀다. 그리고 곧바로 정미 7조약(한일 신협약)을 맺어 대한 제국 군대를 해산했다. 이로써 대한 제국은 졸지에 군대 없는 나라가 되었다. 그러나 해산당한 대한 제국의 장교와 군인들은 좌절하지 않았다. 전국 각지의 의병 부대에 합류하며 불의에 맞섰고, 이들의 봉기가 바로 '정미의병'이었다.

정미의병은 전국적으로 일어났으며, 그중 이은찬은 강원도 원주 지역에서 봉기했다. 그는 경북 문경에 있던 유림계의 거부 이인영을 찾아가 의병의 상징적인 존재가 되어 달라고 설득했다. 이인영이 뜻을 같이하자, 의병에 자원하는 수가 기하급수적으로 늘어났다. 이은찬은 더 효과적인 전투를 위해서는 각 지역의 의병들이 다 함께 힘을 모아 한양으로 진격하여 조직적인 공격을 전개해야 함을 느꼈다. 이에 각 지역의 의병장들에게 경기도 양주로 모이자는 연락을 돌렸고, 그렇게 13도 창의군이 결성되었다.

이은찬은 이인영을 13도 창의군의 총대장으로 추대하고 본인은 중군대장이 되어

13도 창의군을 지휘했다. 13도 창의군은 동대문 코앞까지 진격했으나 일본군의 철통같은 방어에 부딪혀 큰 성과를 내지는 못했다. 설상가상으로, 총대장 이인영이 부친의 3년상을 이유로 귀향하자 13도 창의군은 한순간에 와해되고 말았다. 이은찬은 남아 있던 병력으로 투쟁을 이어가려 했지만, 일제에 포섭된 조선인 밀정의 유인에 속아 일본군에게 체포되었고, 사형을 선고받았다. 재판 과정에서 이은찬은 다음과 같이 변론했다.

> "나의 거의(擧義)는 한국만을 위한 것이 아니라 동양 평화를 위함이니,
> 오늘에 이르러 어찌 자신의 영욕을 생각하랴."

일제에 맞선 독립운동가와 의병들의 숭고한 투쟁의 동기를 일본 민족에 대한 증오로만 해석하는 것은 본질을 오독하는 일이다. 그들은 결코 특정한 국가나 민족을 증오하지 않았다. 오직 인간의 존엄을 짓밟고 타민족을 강압하는 제국주의 사상이라는 보편적인 악과 맞서 싸웠을 뿐이다. 그리고 그들의 투쟁은 한반도에만 국한된 것이 아니라 동양을 넘어 세계의 진정한 평화를 향한 인류적 대의였다. 그러므로 오늘날 독립운동가의 의지를 잇는다는 것은, 그들이 목숨 바쳐 꿈꾸었던 대자유와 평화라는 인류 보편의 가치를 추구하고, 이를 실현하기 위해 매진하는 것을 의미한다.

이은찬(李殷瓚, 1878~1909)
대한 제국의 의병장으로, 정미의병 때 13도 창의군에서 서울 진공 작전을 기획했으며, 같은 해 말에는 임진강 의병연합부대를 편성하여 경기 북부·강원 일대에서 유격전을 펼쳐 일본군을 공략했다. 정부는 그의 공훈을 기려 1962년 건국훈장 대통령장을 추서했다.

"나의 거의(擧義)는 한국만을 위한 것이 아니라 동양 평화를 위함이니,
오늘에 이르러 어찌 자신의 영욕을 생각하랴."

_____
_____
_____
_____
_____

· 어제의 이은찬이 오늘의 나에게 ·

02

망망대해에 떠돌게 될지라도
후회하지 않는다
- 민긍호 -

20세기 초반, 하루가 멀다 하고 국운이 기울어 가던 대한 제국은 1905년 일본에 의해 강압적으로 을사늑약을 체결하여 외교권을 박탈당했다. 그리고 1907년에는 군대가 강제로 해산되었다. 한 나라의 군대가 타의에 의해 해산당하는 것은 외교권 박탈만큼이나 굴욕적인 처사였으며, 대한 제국은 명목상 존재하나 허울뿐인 유령 국가나 다름없었다. 해산 군인들은 의병에 합류했으며, 정식 군사 훈련을 받은 이들의 합류는 의병의 조직력과 전투력 수준을 비약적으로 상승시켰다.

대한 제국은 수도와 지방을 지키는 군대가 구분되어 있었는데, 지방에 주둔하던 군부대를 '진위대'라 했다. 원주 진위대 소속 민긍호는 대한 제국 군대가 해산되었다는 청천벽력 같은 소식에 분노했다. 그는 주저 없이 원주 진위대 병사들을 이끌고, 의병을 조직하여 봉기의 불씨를 지폈다. 민긍호의 의병 부대는 강원도 원주를 중심으로 강원도 남부, 경기도 서남부, 충청북도, 경상도 일대를 누비며, 일본군과 7개월간 100여 차례에 달하는 격전을 쉴 새 없이 이어갔다. 하지만 일본군에 비해 무기와 장비, 군량 등 보급 면에서 절대적으로 열세였던 의병 부대는 시간이 흐를수록 불리해질 수밖에 없었다. 일본 당국은 강원도 관찰사를 앞세워 민긍호에게 항복을 권하고 의병 부대를 해산시키려 했다. 그러나 민긍호는 흔들림 없이 다음과 같은 서신을 보내 항복이나 부대 해산이 불가능함을 선언했다.

"설령 이기지 못하여 흙 속에 묻히지 못하고
영혼이 망망대해에 떠돌게 될지라도 조금도 후회하지 않는다."

1908년 2월, 민긍호의 의병 부대는 원주 치악산 석경사로 이동하던 중, 궐덕리 마을에서 일본군과 야간 전투를 치렀다. 탄약이 바닥난 절박한 상황에서 그들은 결국 패배했다. 하지만 절망 속에서 이들의 투혼과 불굴의 정신은, 오늘날 우리에게 강렬한 울림으로 다가온다.

몇 해 전 개최된 월드컵에서 한국 대표팀을 응원하던 문구인 '중요한 건 꺾이지 않는 마음(중꺾마)'은 많은 국민에게 큰 힘과 위로가 되었다. 여기에 더하여 인터넷에서는 '중요한 건 꺾였는데도 그냥 하는 마음(중꺾그마)'이라는 발언 또한 함께 화제가 되었다. 우리는 살아가면서 한 번쯤은 꺾이기 마련이다. 성취하는 경험보다 실패하는 경험이 더 많을 수도 있다. 그러나 방점은 자신이 땀 흘려 도전했다는 사실 자체에 찍혀야 하지 않을까? 설령 실패할지라도, 이기지 못할지라도, 꺾일지라도, 후회의 잔여물조차 남지 않도록 결과보다는 시작과 과정에 더 큰 의미를 부여하는 것. 이것이 바로 독립운동이 주는 또 하나의 교훈이다.

민긍호(閔肯鎬, 1865~1908)
대한 제국의 의병장으로, 군대가 해산되자 진위대 병사들을 이끌고 의병을 일으켰다. 이후 관동창의대장으로 추대되어 서울 진공 작전에 참여했고, 강원도에서 유격전을 펼치는 등 항일 투쟁을 이어나갔다. 정부는 그의 공훈을 기려 1962년 건국훈장 대통령장을 추서했다.

"설령 이기지 못하여 흙 속에 묻히지 못하고
영혼이 망망대해에 떠돌게 될지라도 조금도 후회하지 않는다."

_____
_____
_____
_____
_____

• 어제의 민긍호가 오늘의 나에게 •

· 03 ·

날이 추운 뒤에야 소나무, 잣나무가 시들지 않음을 안다
- 안중근 -

1909년 10월 26일 하얼빈역. 조선을 식민지로 삼기 위한 모든 청사진을 계획했던 일본의 이토 히로부미가 러시아와의 회담을 위해 하얼빈에 도착했다. 기차에서 내린 이토 히로부미가 러시아 군인들을 사열한 후 다시 기차 안으로 들어가려는 순간, 러시아 군인들 뒤편에서 대기하던 안중근이 이토 히로부미를 향해 걸어갔다. 목표물이 사정거리에 들어서자 안중근은 반자동 권총을 꺼내 이토 히로부미를 향해 발사했고, 정의로운 세 발의 총탄은 정확히 이토 히로부미의 가슴에 명중했다. 저격 직후 총을 버린 안중근은 가슴에서 태극기를 꺼내 외쳤다.
"코레아 우라(대한 만세), 코레아 우라(대한 만세), 코레아 우라(대한 만세)"

안중근은 이토 히로부미를 살해했다는 죄목으로 뤼순 감옥에 수감되었으며, 총 11차례의 신문 끝에 1910년 2월 14일 사형을 선고받았다. 그는 몇 개월 동안 재판을 받으면서 많은 묵서(墨書)를 남겼는데, 이 중 31점은 '안중근 의사 유물'이라는 이름으로 보물 제569호로 등록되었다. 그는 글자 하나하나에 자신의 뜻과 철학을 담아 대한의 독립과 동양 평화를 호소했다. 그의 묵서는 단순한 글씨가 아니었다. 그것은 옥중에서도 꺾이지 않았던 정신의 기록이자 후세를 향한 간절한 메시지였다.

歲寒然後知松栢之不彫(세한연후지송백지부조)
"날이 추운 뒤에야 소나무, 잣나무가 시들지 않음을 안다."

그리고 1910년 3월 26일, 영웅은 하나의 별로 잠들었다. 향년 32세였다. 안중근의 죽음으로부터 약 5개월 후 대한 제국의 모든 주권이 일제에게 이양되며 일제 강점기가 시작되었다.

적절한 시기를 만나 운이 좋게 승승장구하는 이들을 보면, 부러움이 앞설 때가 있다. 하지만 진정 위대한 사람은 마치 한겨울에도 푸르름을 잃지 않는 소나무나 잣나무처럼 시기가 좋지 않고 운이 따르지 않아도 결국 성공하는 이들이다. 안중근이 태어나 살았던 시대는 짙은 어둠이 드리워져 희망의 새싹조차 피어날 수 없었던 때였다. 그러나 안중근은 그림자에 검게 물들거나 시들지 않고, 혹독한 겨울에도 푸르름을 잃지 않고 싸웠다.

옥중에서 그는 묵서를 남기는 한편, 한중일 삼국이 함께 만들어갈 평화로운 동양의 미래를 담아『동양평화론』을 집필했다.『동양평화론』에서 안중근은 일본의 제국주의를 저격하며, 평화를 위해서는 한중일 삼국이 모두 협력해야 함을 강하게 주장했다. 안중근은 끝내『동양평화론』을 완성하지 못했으나, 이 책을 통해 자신의 의거가 단지 민족주의적인 목적에 그치지 않고, 인류 전체의 평화를 염원하는 숭고한 의지에서 비롯되었음을 당당히 밝혔다. 그의 평화론은 오늘날에도 여전히 유효하다. 동양 삼국이 과거의 갈등을 넘어 진정한 화합과 통합을 이루는 날, 우리는 안중근이 현재의 우리에게 던진 진정한 과제가 무엇이었는지 비로소 깨닫게 될 것이다.

안중근(安重根, 1879~1910)
고종 황제의 강제 퇴위와 군대 해산 이후 의병장으로 무장 투쟁에 참여했다. 이후 동의단지회를 조직하여 이토 히로부미를 암살하고서 체포된 후 뤼순 감옥에 수감되었다. 정부는 그의 공훈을 기려 1962년 건국훈장 대한민국장을 추서했다.

歲寒然後知松栢之不彫(세한연후지송백지부조)
"날이 추운 뒤에야 소나무, 잣나무가 시들지 않음을 안다."

• 어제의 안중근이 오늘의 나에게 •

· 04 ·

영원한 쾌락을 위한 것이니,
기쁜 얼굴로 사진을 찍읍시다
- 이봉창 -

1923년 국민 대표 회의 결렬 이후, 많은 독립운동가들이 자리를 떠나면서 대한민국 임시 정부는 유령 정부와 다름없게 되었다. 김구는 대한민국 임시 정부를 살리고자 1931년 10월 '한 사람을 죽여서 만 사람을 살리는 방법이 혁명 수단의 근본'이라는 기치를 내걸고 상하이에서 한인 애국단을 조직했다. 그즈음 용산역에서 역무원으로 일하던 이봉창은 일본 제국주의에 대한 적개심을 품은 채 상하이로 와 독립운동 단체를 수소문했으며, 이때 안중근의 동생 안공근의 추천으로 한인 애국단에 가입했다. 이봉창은 한인 애국단에 가입한 지 얼마 되지 않아 김구에게 파격적인 제안을 건넸다. 그것은 다름 아닌 '일본 천황 암살'이었다. 일본에서 가장 상징적인 인물인 천황을 암살하겠다는 발언은 다른 어떤 것보다 충격적일 수밖에 없었고, 김구는 이봉창의 의지가 진심인지 다시 물었다. 이에 이봉창은 다음과 같이 답했다.

"영원한 쾌락을 얻기 위하여 우리 독립사업에 헌신하고자 상하이에 왔습니다."

1931년 12월, 김구는 이봉창에게 거사에 필요한 돈과 폭탄을 건네고 사진관에서 함께 기념사진을 찍었다. 사진을 찍는 김구의 낯빛이 좋지 않자 오히려 이봉창은 김구를 다독이며 이렇게 말했다.

"저는 영원한 쾌락을 향유하러 떠나는 터이니, 우리 기쁜 얼굴로 이 사진을 찍읍시다."

1932년 1월, 이봉창은 일본 도쿄에서 결연한 의지로 히로히토 천황을 노렸다. 열병식을 마친 천황의 마차가 황궁으로 돌아가던 길, 그는 일생일대의 폭탄을 투척했다. 하지만 간발의 차이로 폭탄은 히로히토 천황의 마차를 빗나가 다른 마차에 떨어졌다. 이렇게 이봉창의 거사는 실패로 끝났다. 현장에 있던 다른 이가 범인으로 지목되자마자, 그는 일본 경찰에 자진하여 체포되었다. 1932년 9월 30일, 이봉창은 도쿄 법원에서 사형을 선고받았고, 그해 10월 10일 사형이 집행되었다.

우리에게 가장 잘 알려진 사진 속 이봉창의 얼굴은 곧 죽음을 마주할 이의 얼굴이라고는 믿기지 않을 만큼 한없이 밝다. 그의 환한 웃음은 오히려 눈부시게 숭고해 보인다. 비록 이봉창은 의거에 실패했으나, 그는 그가 남긴 말마따나 후손들의 가슴속에 영원히 살아남아, '영원한 쾌락'을 누리게 되었다. 인간은 유한하기에 영원을 꿈꾼다. 그렇다면 진정으로 영원한 것은 무엇일까? 영원성은 결과가 아닌, 행동 자체에서 비롯된다. 때로는 적의의 벽이 지나치게 높아서, 의로움을 내세우며 온 힘을 다해도 강고한 의지가 좌절될 수 있다. 그러나 성패에 구애받지 않고 행동하는 것만으로도 많은 이들에게 깊은 울림을 줄 수 있다. 이봉창은 어떤 시련 속에서도 흔들림 없는 태연한 의지가 영원히 남을 수 있음을 자신의 삶으로 증명해 보였다.

이봉창(李奉昌, 1901~1932)

일본과 중국에서 노동자로 일하며 차별과 모욕을 겪고서 민족 현실에 눈을 떴다. 일본에서 상하이로 건너간 뒤 한인 애국단의 일원이 되어 히로히토 천황의 마차 행렬을 겨냥해 폭탄을 던졌다. 정부는 그의 공훈을 기려 1962년 건국훈장 대통령장을 추서했다.

"영원한 쾌락을 얻기 위하여
우리 독립사업에 헌신하고자 상하이에 왔습니다."

"저는 영원한 쾌락을 향유하러 떠나는 터이니,
우리 기쁜 얼굴로 이 사진을 찍읍시다."

• 어제의 이봉창이 오늘의 나에게 •

· 05 ·

잘못을 깨닫지 못하는 것만이 잘못이다

– 홍범도 –

한국 역사상 가장 전투력이 뛰어났던 사람은 누구일까? 만약 범위를 일제 강점기로 좁히고, 오직 사격술로만 기량을 견주어 본다면, 홍범도 장군을 능가하는 이는 거의 없을 것이다. 홍범도의 사격술을 본 사람이라면 누구든 입을 다물지 못할 정도로 감탄했다. 그는 그 뛰어난 사격 실력을 활용해 독립운동에 투신하기 전까지 포수로 생계를 이어가기도 했다.

홍범도는 을미개혁과 정미 7조약 때 일제가 조선인의 총기 소유를 막으려 들자, 이에 격분하여 의병의 길에 들어섰다. 경술국치로 나라가 유린당하자, 그는 더 큰 그림을 그리기 위해 간도로 향하여 대한 독립군을 이끌었다. 1920년 5월, 그는 북간도에 굳건히 자리를 잡고 있던 최운산 3형제의 군무 도독부와 안무의 대한 국민군과 힘을 합쳐 대한 북로 독군부를 결성하고, 왕청현 봉오동에 절묘한 지형을 활용한 거점을 만들었다. 대한 북로 독군부는 두만강을 건너 침입한 일본군의 남양 수비대를 삼둔자 마을에서 격퇴하며 선봉을 알렸다. 이에 충격받은 일본군이 대규모 병력으로 반격에 나서자, 홍범도는 주저 없이 그들을 좁고 깊은 봉오동 골짜기로 유인하는 과감한 작전을 펼쳤다. 숨죽여 기다리던 독립군이 일제히 총포를 쏟

아붓자, 일본군은 혼돈 속에서 순식간에 와해되었다. 이것이 바로 일제를 상대로 거둔 최초의 대승이자, 독립전쟁의 서막을 알린 전설의 봉오동 전투였다.

봉오동 전투에서 치욕스러운 패배를 맛본 일본군은 복수심에 불타 간도 지역으로 병력을 쉴 새 없이 몰아넣고는, 간도에 살던 한인과 독립군을 공격했다. 이에 홍범도는 김좌진 부대 등 간도 지역의 여러 독립군 부대와 대동단결하여 일본군을 물리치고, 결국 청산리 대첩에서 빛나는 승리를 쟁취했다. 청산리 대첩 이후에는 독립을 위한 장기적인 투쟁의 기반을 마련하기 위해 소련으로 넘어가 소련의 군사적·경제적 지원을 얻고자 사력을 다했다.

하지만 1937년, 스탈린의 강제 이주 정책으로 만주와 극동 러시아 지역에 거주하던 한인들은 중앙아시아 지역으로 옮겨졌고, 그 대상에는 홍범도 또한 포함되어 있었다. 영웅이었던 그는 이후 카자흐스탄 크즐오르다에서 극장 수위 일을 하며 쓸쓸한 여생을 보냈다. 그는 마지막 숨을 거두는 순간까지 조국의 독립을 염원했고, 조국 독립을 불과 2년 앞둔 1943년, 끝내 타향에서 눈을 감았다. 그의 유해는 카자흐스탄에 묻힌 채 70여 년의 세월이 흘렀고, 2021년이 되어서야 해방된 조국으로 돌아올 수 있었다.

> "잘못을 저지르지 않는 사람은 없다.
> 잘못을 깨닫지 못하는 것만이 사람의 잘못이다."

홍범도는 독립군을 지휘하며 자기 성찰을 가장 중요하게 여겼다. 때로는 자신을 정직하게 마주보기 위해 큰 용기가 필요하지만, 홍범도는 이러한 용기를 지녔기에 과오를 되풀이하지 않고 싸우는 전투마다 승리하며 독립운동사에 굵직한 이름을 남길 수 있었다. 과오를 직시할 수 있는 성찰은 다음 단계로 나아가기 위한 필수 조건이다. '가장 강한 사람'은 전투력이 빼어난 사람이 아닌, '자신의 과오를 당당하게 마주할 줄 아는 사람'이다.

홍범도(洪範圖, 1868~1943)
대한 독립군 총사령관으로, 봉오동 전투에서 일본군에 첫 승리를 거둔 후 청산리 전투에도 참여해 독립군 연합 전선을 지휘했다. 자유시 참변을 겪고 소련에 머물다 강제 이주되어 카자흐스탄에서 생을 마쳤지만, 2021년 8월 15일 서거 78년 만에 유해를 고국으로 봉환했다. 정부는 그의 공훈을 기려 1962년 건국훈장 대통령장을 추서했고, 2021년 건국훈장 대한민국장으로 승격 추서했다.

"잘못을 저지르지 않는 사람은 없다.
잘못을 깨닫지 못하는 것만이 사람의 잘못이다."

• 어제의 홍범도가 오늘의 나에게 •

06

내가 죽어도 나의 사상은 열매 맺을 것이다

– 백정기 –

서울 용산구에 위치한 효창공원에는 독립운동가 3인의 유해를 모신 '삼의사묘'가 조성되어 있다. 이 묘소의 주인공은 이봉창, 윤봉길 그리고 백정기이다. 이봉창과 윤봉길은 한인 애국단 소속으로 김구의 지시 하에 의거를 행했다는 공통점이 있으나, 백정기는 한인 애국단과는 무관하게 별도로 움직였으며 아나키즘(무정부주의)을 추구하던 아나키스트(무정부주의자)였다.

아나키즘은 정부, 종교, 자본 등 일체의 지배 형태를 부정하고 다소 과격하고 공격적인 방식으로 기존의 지배 질서에 맞서 투쟁하는 사상을 의미한다. 그러나 한반도에서는 식민지 국가라는 특수한 상황에서 아나키즘이 본래의 의미와는 다소 다르게 적용되었다. 모든 지배 체제를 부정하기보다는, 일본 제국주의의 식민 지배를 거부하는 사상으로 받아들여진 것이다. 한국 독립운동사에서 아나키즘을 언급하자면 김원봉의 의열단 계열만을 떠올리기 쉽다. 그러나 이 외에도 크고 작은 여러 아나키즘 세력이 독립운동의 일환으로 아나키즘 투쟁을 전개했다.

그 가운데 백정기는 중국 베이징, 상하이, 난징 등지에서 자유혁명자연맹, 남화한인청년연맹, 흑색공포단과 같은 아나키즘 단체를 조직하며 국제적으로도 이름을 알렸다. 3·1 운동 이후 무장 투쟁의 길을 택했던 그는, 일본 군대 시설 파괴를 계획하다 발각되어 중국으로 피신했다. 그곳에서 이회영, 신채호와 함께 독립운동을 하며, 그들의 급진적인 아나키즘 사상을 접하고, 이를 자신의 신념으로 받아들였다.

백정기는 1932년, 윤봉길 의거와는 별개로 상하이 훙커우 공원에서 일본군 전승식 기념 행사를 향해 의거를 시도하려 했으나, 안타깝게도 행사장 입장이 제한되면서 거행하지 못했다. 1933년에는 훙커우의 한 요릿집에서 일본 주요 정치인과 군 장성들이 모일 것이라는 소식을 접하고 만반의 준비를 하여 이곳을 습격하고자 했다. 그러나 사전에 계획이 누설되면서 일본 경찰에게 체포되고 말았다. 평소 폐결핵을 앓고 있던 백정기는 일본 나가사키 법원에서 무기형을 선고받고 투옥 중 병이 심화되어 1934년 옥사했다. 그는 자신의 죽음을 예견했을 때 다음과 같은 유언을 남기며 후대에게 자신의 과업을 맡겼다.

> "내가 죽어도 나의 사상은 열매 맺을 것이다."

백정기는 우리나라의 해방을 보지 못하고 세상을 떠났다. 그러나 민족수호를 위한 그의 신념과 의지가 다른 이들에게 계승되어 결국 '독립'이라는 완성으로 거듭났다. 인간은 유한하지만 그 의지나 결의, 꿈, 가치관을 계승하는 이가 있는 한, 인간의 정신은 영원히 지속될 수 있다. 나의 세대에서 미완의 꿈으로 남을지라도, 다음 세대가 이를 이어받는다면 미완은 완성으로 거듭날 수 있다. 마찬가지로 현세대가 꾸는 꿈은 이전 세대의 미완이었던 꿈을 이어받은 것일 수도 있다.

내가 꾸는 꿈에 장벽이 세워져 있고 환영받지 못하는 꿈이라 생각할지라도, 이미 그러한 꿈을 꾸었던 선배 세대가 있었음을 기억해야 한다. 우리의 꿈을 후세대가 완수하도록 자양분을 남기듯이, 현 세대 또한 선배 세대가 남긴 자양분을 발판 삼아 한 발짝 더 나아간다면, 미완의 씨앗은 언젠가 반드시 충만한 열매를 맺을 수 있을 것이다.

백정기(白貞基, 1896~1934)
독립운동가이자 아나키스트로, 3·1 운동 당시 고향 부안에 내려가 만세 운동을 주도했고, 이후 무장 투쟁을 이어 나가며 중국 베이징의 동방무정부주의자연맹 한국 대표로 활동했다. 흑색공포단을 결성해 중국 상하이에서 일본 요인의 암살을 시도하던 중 체포되었다. 정부는 그의 공훈을 기려 1963년 건국훈장 독립장을 추서했다.

"내가 죽어도 나의 사상은 열매 맺을 것이다."

• 어제의 백정기가 오늘의 나에게 •

07

변심치 않는 것이 위대한 것
- 이규창 -

한국사에서 '노블레스 오블리주' 사례로 항상 거론되는 인물들로는 독립운동가 이회영 6형제를 꼽을 수 있다. 이회영 일가는 백사 이항복을 비롯해 정승과 판서를 수없이 배출한 조선 최고의 명문가이자 당대에 손꼽히는 거부였다. 국권이 피탈되자 이회영 6형제는 전 재산을 털어 신흥무관학교를 설립하는 등 독립운동에 참여했다. 그들은 최고의 부를 누리며 안락하게 살 수 있었음에도 불구하고 독립을 위해 헌신했으며 변절하지 않고 끝까지 독립운동에 투신했다. 끝내 6형제 가운데 5명은 독립운동 과정에서 빈곤과 굶주림, 고문 등으로 고통받다 순국했지만, 이들의 숭고한 뜻을 지키고자 6형제의 후손들은 독립운동에 기꺼이 참여했다.

그 가운데 이회영의 아들 이규창은 아버지와 뜻을 같이하며 아나키스트로서 독립운동을 전개했다. 이규창은 태어날 때부터 아버지와 삼촌들이 집안의 전재산을 신흥무관학교 설립 비용으로 사용했기에, 극심히 빈곤한 환경에서 성장해야만 했다. 그럼에도 훗날 그는 죽도록 가난했던 어린 시절의 경험이 오히려 삶의 난관을 헤쳐나갈 굳센 의지를 길러 주었다고 회고했다. 이규창은 상하이에서 흑색공포단에 가입하며 독립 활동에 서막을 열었다.

어느 날, 그는 자신의 아버지를 배신한 이가 사촌 형제임을 알고는 직접 처단했다. 그때부터 이규창의 주된 임무는 내부 변절자나 일제의 스파이 침투를 막는 것이었다. 이규창과 흑색공포단의 이름이 점차 알려지자 일제는 한국 독립운동가나 중국 국민당에 스파이를 포섭하는 작전에 차질을 빚게 되었다.

해방 이후 이규창은 자서전 『운명의 여신』을 집필하여 자신의 독립운동 일대기를 글로 남겼으며, 이는 후손들에게 귀감이 되었다.

"독립운동을 한다는 것은 그 정신이 최일각까지 변심하지 않고
실천한다는 것이니, 위대한 것 아니겠는가?"

일반적으로 꿈과 목표는 일시에 성취되지 않고 단계적으로 완성된다. 각 단계를 거칠 때마다 상황이 더 좋아질 수도 있지만, 더욱 어려운 시련에 직면할 수도 있다. 다음 단계로 진입하는 데 있어 가장 근본이 되는 것은 초심일 것이다. 초심을 상실한다면 오히려 처음의 의지에서 퇴보하기 쉽다. 마지막 단계로 나아가는 과정은 최일각까지 초심을 유지하는 싸움이다. 상황이 호전될 때 자만하지 않고, 어려운 시련에 직면했을 때 굴복하지 않기 위해 우리가 끝까지 바라봐야 할 대상은, 처음 시작할 때의 '나 자신'이다.

이규창(李圭昌, 1913~2005)
무장 독립운동가로, 중국 관내 아나키스트 조직에 참여하며 남화한인청년연맹과 흑색공포단 활동을 주도했다. 친일 밀정 처단, 자금 모금 등 의열 투쟁에 동참했으며, 국내 송환 후에도 선전지를 배포하며 항일 활동을 이어갔다. 정부는 그의 공훈을 기려 1968년 건국훈장 독립장을 추서했다.

"독립운동을 한다는 것은 그 정신이 최일각까지 변심하지 않고 실천한다는 것이니, 위대한 것 아니겠는가?"

_____

_____

_____

_____

_____

• 어제의 이규창이 오늘의 나에게 •

08

뜻을 이루기 전에는
살아서 돌아오지 않는다

- 윤봉길 -

1932년 1월 8일, 도쿄에서 이봉창의 사쿠라다문 의거가 세상을 뒤흔들었다. 그 충격이 채 가시기도 전에, 상하이에 있던 한인 애국단의 문을 힘껏 두드린 한 조선인 청년이 있었다. 이 청년은 상하이에서 채소 장사를 하다가 김구를 찾아가 이봉창 의거와 같은 또 다른 계획이 있으리라 믿는다며, 그 계획에 자신을 기꺼이 참여시켜 달라고 간곡히 부탁했다. 매헌 윤봉길이었다.

그때 마침, 절호의 기회가 찾아왔다. 상하이 사변의 승리를 기념하는 전승식 겸 일본 천황의 생일을 축하하는 행사가 상하이 홍커우 공원에서 열릴 계획이었다. 이 행사에서 거사를 수행할 사람을 찾고 있던 김구는 윤봉길에게 그 임무를 맡겼다. 윤봉길에게는 남다른 의미를 지닌 거사였다. 이 행사에는 일본군 고위 인사들뿐 아니라 외교관, 상하이 주둔 병사 등이 일제히 모일 예정이었기에, 그들을 처단한다면 함께 독립운동을 하는 동포들에게 용기와 자긍심을 줄 수 있고, 일본 침략국의 수뇌부를 폭파시키는 큰 성과를 거둘 수 있다고 보았기 때문이다. 당시 일본 영사관은 지난 이봉창 의거 이후 보안을 철저히 강화하여, 참가자들에게 수통(물병)과 도시락, 그리고 일장기만 지참하도록 했다. 김구와 윤봉길은 이를 역이용하여 수통과 도시락 안에 폭탄을 숨긴 뒤 행사장에 들어갈 계획을 세웠다. 한 발은 목표물을 향한 것이었고, 다른 한 발은 최후를 위한 것이었다.

윤봉길은 행사 당일까지도 몇 차례 홍커우 공원을 답사하며 동선을 면밀히 살폈다. 그리고 마침내 1932년 4월 29일, 그는 홍커우 공원으로 들어가 행사가 한창이던 단상에 수통 폭탄을 투척했다. 거사의 목표였던 일본의 시라카와 육군대장이 즉사하지는 않았으나, 부상을 입고 후일 그 후유증으로 사망했다. 의거는 대성공이었다. 윤봉길은 도시락 폭탄으로 자결하려 했으나 불발되면서 그대로 일본 군경에게 체포되었다. 그는 재판에서 사형을 선고받았으며, 1932년 12월 19일에 총살형을 당했다. 당시 그의 나이는 고작 25세였다.

충남 예산 출신의 윤봉길은 어린 시절 3·1 운동을 겪으며 강력한 민족의식을 키웠고, 일본 중심의 학교 교육에 매우 분개했다. 10대 후반부터 농촌 계몽 운동에 매진하던 그는, 23세에 직접 독립운동에 참여하고자 고향을 떠나 만주로 망명했으며, 그 다음해에 상하이로 나섰다. 윤봉길은 독립운동을 위해 부인과 아들을 고향에 두고 집을 떠나며 다음과 같은 말을 남겼다.

丈夫出家生不還(장부출가생불환)
"사내대장부가 집을 나서면
뜻을 이루기 전에는 살아 돌아오지 않는다."

우리는 이 정도로 비장한 각오를 다진 적이 있었을까? 윤봉길은 따뜻한 집과 사랑하는 가족이 있는 편안한 곳을 떠나 오로지 뜻하는 바를 이루기 위해 돌아오지 못할 불길로 뛰어들었다. 우리는 흔히, 꿈을 이루기 전까지 편안한 관성에 사로잡히지 않고 예전의 모습으로 돌아오지 않겠노라 다짐하곤 한다. 하지만 더 비장해지기 위해서는 뜻을 이루더라도 원래의 자리로 돌아오지 못할 수도 있다는 것까지 각오해야 한다. 비장의 끝에는 다 타고 남은 재가 아닌, 영원히 타오를 수 있는 불꽃이 기다리고 있을 테니.

마치 윤봉길처럼.

윤봉길(尹奉吉, 1908~1932)

무장 독립운동가로. 농촌 계몽 운동을 위해 『농민독본』을 저술하여 민중의 자각을 독려했다. 이후 한인 애국단의 단원으로서 상하이 훙커우 공원에서 폭탄을 던져 시라카와 육군대장 등을 처단했다. 정부는 그의 공훈을 기려 1962년 건국훈장 대한민국장을 추서했다.

丈夫出家生不還(장부출가생불환)
"사내대장부가 집을 나서면
뜻을 이루기 전에는 살아 돌아오지 않는다."

• 어제의 윤봉길이 오늘의 나에게 •

09

다시는 고국 향해 돌아갈 길 묻지 않으리

- 김지섭 -

우리는 일본 천황을 향해 폭탄을 투척한 독립운동가라고 하면 가장 먼저 이봉창을 떠올리기도 한다. 하지만 이봉창에 앞서 일본의 궁성에 폭탄을 던진 독립운동가가 있었으니, 의열단 단원 김지섭이다.

1923년 9월, 일본의 관동 지역에서 규모 7.9의 대지진이 발생했다. 끔찍한 재앙에 이성을 잃은 일본인들은 일본에 거주하던 조선인들을 분풀이 대상으로 삼고, 그들을 마구잡이로 학살하는 '관동 대학살'을 자행했다. 의열단 단장 김원봉은 이 야만적인 학살에 대한 응징으로, 의열단 단원을 일본 수도 도쿄에 보내기로 결정했다. 이때 김지섭이 의열단의 폭탄 결사대에 자원하여 도쿄로 나섰다. 김지섭의 목표는 도쿄에 있는 제국의회장에 폭탄을 투척하는 것이었다. 상하이를 떠나 도쿄로 가는 배 위에서, 그는 결연한 의지를 다지며 다음과 같은 시를 남겼다.

> "오늘 몸 숨기고 바다 건너는 사람
> 지난 몇 해를 와신상담한 사람인가
> 이미 정한 이 걸음 평생의 뜻이기에
> 다시 고향 돌아갈 길 묻지 않으리"

김지섭은 임무의 성공 여부를 떠나 고향에 다시는 돌아오지 못 할 것을 알고도 도쿄행 배에 올라탔다. 목숨을 건 임무에 두려움이 엄습했겠지만, 김지섭은 본인의 임무에 대한 확고한 신념과 의지로 두려움을 극복했다. 다시 돌아갈 길을 묻지 않고 오직 신념이 있는 곳을 향해 걸어가는 그 결기가 바로 두려움과 불안함을 이겨내고 그의 발걸음을 숭고하게 만드는 무기였다.

본래 김지섭은 제국의회가 개회되는 시점에 맞춰 일제 요인들을 처단하려 했으나, 제국의회가 휴회하면서 그가 가진 폭탄이 발각될 위험이 커졌다. 이에 그는 폭탄 투척 목표 장소를 일본 궁성으로 바꿨다.

1924년 1월, 김지섭은 일본 궁성으로 들어가는 니주바시 다리를 건너며 폭탄을 투척했다. 하지만 던져진 3개의 폭탄은 모두 불발이었다. 체포되어 재판을 받던 김지섭은 "나는 아무 죄가 없으니, 무죄를 선언하든지 아니면 차라리 사형을 선고하라."라며 당당한 태도를 내비쳤다. 그의 최종 판결은 무기 징역이었으나, 형무소 수감 중 1928년 뇌출혈로 순국했다. 수감 생활 중 김지섭은 아내와 동생 김희섭에게 편지를 남겼고, 그 편지에는 독립운동가로서 본분을 다한 것에 대한 그의 태연한 의지가 담겨 있었다.

"이제부터는 결코 슬프고 애처로운 문구를
편지에 쓰지 말아 주게."

김지섭은 뚜렷한 정의관에 따라 임무에 임했기에, 자신의 죽음이 슬프고 애처로운 것으로 끝나기를 바라지 않았다. 당당한 정의관으로 무장한 그의 신념은 비장함보다 숭고함에 가까웠으니, 그에게 죽음은 좌절이 아닌 완성이었고, 고통은 외면이 아닌 선택이었다.

김지섭(金祉燮, 1884~1928)
무장 독립운동가로, 상주보통학교 교원과 법원 통역관으로 재직하던 중 3·1 운동을 계기로 독립운동에 참여하게 되었다. 의열단의 단원으로서 일본 도쿄 궁성 니주바시 다리에서 폭탄을 던졌으나 불발했다. 정부는 그의 공훈을 기려 1962년 건국훈장 대통령장을 추서했다.

"오늘 몸 숨기고 바다 건너는 사람
지난 몇 해를 와신상담한 사람인가
이미 정한 이 걸음 평생의 뜻이기에
다시 고향 돌아갈 길 묻지 않으리"

_____

_____

_____

_____

_____

_____

_____

_____

"이제부터는 결코 슬프고 애처로운 문구를
편지에 쓰지 말아 주게."

• 어제의 김지섭이 오늘의 나에게 •

• 10 •

독립은 스스로 싸워
찾아야 하는 것이다
- 지청천 -

대한민국 임시 정부 산하 정규군인 '한국 광복군'의 총사령관은 지청천이었다. 그는 봉오동 전투, 청산리 대첩에 이어 한국 독립운동사의 3대 전투 중 하나인 대전자령 전투를 승리로 이끌었다. 또, 신흥무관학교 교관을 역임했으며 서로 군정서를 지휘하기도 했다. 그의 발자취를 더욱 거슬러 올라가면, 그는 대한 제국 육군무관학교 출신이었다. 이처럼 그의 생애는 대한민국 국군의 직계 역사를 관통하기에 가히 국군의 영원한 장군이라 할 수 있다.

지청천은 21세 무렵 대한 제국 육군무관학교에 입학했으나, 얼마 지나지 않아 일제에 의해 대한 제국 군대가 강제 해산되는 상황을 맞이했다. 그 결과 대한 제국 육군무관학교는 폐교되었고, 지청천을 비롯한 생도들은 국비 유학생으로 일본 육군중앙유년학교에 입학하여 군사학을 공부하게 되었다. 일본 유학 중에도 독립운동의 뜻을 품고 있었던 그는 1910년 대한 제국의 주권이 일제에게 넘어갔다는 소식을 접하고는 옛 대한 제국 육군무관학교 생도들과 도쿄 아오야마 묘지 앞에 모여 조국 광복을 위해 군사 교육을 모두 익혀 반드시 독립을 위한 전쟁에 나서겠다고 맹세했다.

1919년, 지청천은 일본 육군사관학교까지 졸업한 후 일본을 탈출하여 만주로 넘어가 아오야마의 맹세를 실천에 옮겼다. 전문 군사 교육을 받은 장교진이 매우 부족했던 현실 속에서, 지청천은 주요 독립군의 지휘관으로 활약하며 독립군을 양성하고 무장 투쟁을 이끌었다. 이러한 헌신으로 그는 한국 독립운동의 상징적인 존재로 우뚝 섰다. 해방 후에는 독립운동의 공로를 인정받아 대한민국 최초의 국회의원 선거에 출마해 전국 최다 득표율로 당선되었고, 주로 군사 및 국방 관련 공무를 담당하며 대한민국 군사체계의 터전을 다지는 데 기여했다. 오늘날 지청천의 묘소에 가면 그의 어록이 새겨진 묘비문을 확인할 수 있다.

> "독립은 남이 주는 것이 아니고,
> 스스로 싸워 찾아야 하는 것이다."

현대의 우리가 펼치는 독립운동이란, 자신이 택한 삶에서 주체의식을 가지고 '나'다운 삶을 살아가는 여정이다. 그 과정에서 기회가 찾아오기도 하고, 예상치 못한 위기를 맞닥뜨릴 수도 있다. 이처럼 삶에서 마주하는 행운이나 불운은 나의 의지보다는 주변 상황의 영향이 더 크게 작용한다. 그러한 만큼 우리는 행운을 활용하고 불운을 극복하고자 노력해야 한다. 뜻하지 않게 찾아온 행운은 자칫 자만심을 불러일으켜 나태하게 만들 수 있고, 불운은 남 탓을 하게 만들 수 있다. 지청천이 일제 강점기라는 암울한 상황 속에서 자신이 할 수 있는 일을 찾으며 운명을 개척했듯, 인생의 독립은 남이 주는 것이 아니라 자신이 싸워 쟁취해야 하는 것이다.

지청천(池靑天, 1888~1957)
무장 독립운동가로, 일본 유학을 마친 후 신흥무관학교에서 독립군 간부를 양성하고, 한국 독립군 및 한국 광복군 총사령관 등을 역임하며 항일 투쟁을 이어나갔다. 정부는 그의 공훈을 기려 1962년 건국훈장 대통령장을 추서했다.

"독립은 남이 주는 것이 아니고,
스스로 싸워 찾아야 하는 것이다."

• 어제의 지청천이 오늘의 나에게 •

• 11 •

청년들 가슴에 조그마한 충격을
줄 수 있다면

- 강우규 -

1919년 9월 2일, 조선 총독부의 세 번째 총독으로 임명된 사이토 마코토가 일본에서 조선으로 건너왔다. 남대문역(지금의 서울역)은 그의 도착을 환영하는 인파로 북적였다. 환영 행사를 마친 그가 군경의 삼엄한 의전 속에 마차에 오르려던 순간, 섬광과 함께 폭탄이 터져 나왔다. 폭탄은 마차에 닿지 않고 주변에 떨어졌으나, 그 충격으로 일본 군경 37명이 죽거나 다쳤다. 그러나 사이토 총독은 옷에 구멍만 났을 뿐 몸에는 상처를 입지 않았다. 이 강렬하고 대담한 의거를 감행한 주인공은 강우규였다.

일제 강점기, 조국 독립을 위해 몸을 던졌던 이들은 남녀노소를 가리지 않았다. 독립운동가의 대다수가 피 끓는 청년이었지만, 강우규는 환갑을 훌쩍 넘긴 나이에도 젊은이 못지않은 강인한 의지로 역사의 한복판에 섰다. 그가 행한 의거의 목적은 단순히 한국인을 기만하는 조선 총독을 처단하거나 노인의 힘을 보여 주는 것에 그치지 않았다. 의거 후 체포된 그는 1920년 11월 29일 서대문 형무소에서 사형당했는데, 차가운 형장으로 향하기 직전 다음과 같은 뜨거운 유언을 남겼다.

"내가 죽어서 청년들의 가슴에 조그마한 충격이라도 줄 수 있다면
그것은 내가 소원하는 일이다.
언제든지 눈을 감으면 쾌활하고 용감히 살려는
전국 방방곡곡의 청년들이 눈앞에 선하다."

이 유언은 비단 일제 치하의 청년들뿐 아니라 수십 년, 혹은 수백 년 후 대한민국의 모든 젊은 세대에게도 전하는 메시지였을 것이다. 강우규는 무궁한 잠재력과 가능성을 품은 청년 세대가 스스로 각성하여 내면에 숨겨진 에너지와 힘을 발휘하도록 자극하고자 의거를 감행했다. 그의 행동 속에는 기성세대로서 더 나은 세상을 물려주지 못한 깊은 미안함과, 자신의 세대가 이루지 못한 시대적 과업을 다음 세대에게 간곡히 부탁하는 절절한 마음이 녹아 있다.

강우규는 전국 방방곡곡의 청년들이 쾌활하고 용감하게 살아가기를 간절히 염원했다. 청년이라면 자신의 가능성을 믿고 긍정적인 에너지를 발산하며 과감하게 꿈에 도전해야 한다. 그것이 바로 이 나라를 역동적으로 움직이게 하고 굳건히 지켜내는 길이 될 것이다.

강우규(姜宇奎, 1855~1920)
무장 독립운동가로, 한약방 운영으로 얻은 자본을 바탕으로 학교와 교회를 세운 교육자이자 기독교 지도자였다. 이후 대한국민노인동맹단에 가담하여 사이토 총독에게 폭탄을 던지는 의거를 감행했다. 정부는 그의 공훈을 기려 1962년 건국훈장 대한민국장을 추서했다.

"내가 죽어서 청년들의 가슴에 조그마한 충격이라도 줄 수 있다면
그것은 내가 소원하는 일이다.
언제든지 눈을 감으면 쾌활하고 용감히 살려는
전국 방방곡곡의 청년들이 눈앞에 선하다."

_____

_____

_____

_____

_____

_____

• 어제의 강우규가 오늘의 나에게 •

• 12 •

불가능하다는 것에 대해서는
생각한 바가 없다
- 우재룡 -

1910년, 일제 강점기가 시작되면서 전국 각지에서 나라를 되찾기 위한 비밀 결사 단체들이 조직되었다. 그 가운데 1915년, 대구에서 창립된 '대한 광복회'는 독립 단체 중 가장 먼저 대한 제국의 복원이 아닌, 공화정이라는 완전히 새로운 형태의 정부 수립을 목표로 했다. 의병 활동 경험이 풍부한 박상진, 채기중 등은 대구를 중심으로 경북 지역에서 활약하던 의병 출신들을 규합하여 대한 광복회를 세웠고, 그 과정에서 박상진이 만난 인물 중 한 명이 우재룡이었다. 우재룡은 대한 제국 시절 대구 진위대 소속 군인이었으며, 1907년 대한 제국 군대 해산 후 청송에서 의병을 모집한다는 소식을 듣고 의병으로 합류했다. 이후 그는 의병으로, 경북 지역에서 일본군과 맹렬한 전투를 벌이며 활약했다.

대한 광복회는 국내에서의 독립군 양성이 거의 불가능하다고 보고, 만주에 독립군 기지를 설립하여 독립전쟁을 치르겠다는 비장한 목표를 세웠다. 우재룡은 이 막중한 임무를 위해 대구와 만주 지린성을 오갔으며, 일제의 눈을 피해 온갖 연락망을 동원해 군자금을 확보했다. 1918년, 안타깝게도 일제에 대한 광복회의 정체와 활동이 발각되어 주요 인사가 체포되었지만, 우재룡은 기적적으로 탈출하여 만주로 몸을 피했다.

3·1 운동 이후 중국 상하이에서 대한민국 임시 정부가 수립되자, 그는 임시 정부의 생존을 위한 군자금 확보에 매달려 '주비단'을 조직했다. 대한 광복회 시절 쌓은 군자금 확보 및 운송 경험 덕분에, 그는 주비단의 지도자가 되어 대한민국 임시 정부의 자금 흐름에서 중요한 역할을 담당하게 되었다. 그러나 비극은 다시 찾아왔다. 그는 또다시 일제에게 체포되었고, 15년이 넘는 고된 옥살이를 치를 수밖에 없었다. 긴 옥고 끝에 형이 확정되기 전인 1921년 11월 1일, 우재룡은 경성 지방 법원 법정에서 다음과 같이 변론했다.

> "조선이 일본의 통치로부터 벗어나는 것은 가능하다.
> 불가능하다는 것에 대해서는 생각한 바가 없다."

그의 이 한 마디는 비단 일제 강점기뿐 아니라, 오늘날 우리에게도 깊은 울림을 준다. 우리가 가슴속에 꿈을 품었다면, 가장 먼저 해야 할 일은 그 꿈에 대한 의심과 자기 자신에 대한 불신을 걷어내는 것이다. '계란으로 바위 치기'라는 말처럼, 불가능하다고 여겨지는 일들이 분명 존재한다. 우리가 꿈꾸는 일과 이루고자 하는 목표가 가능성보다 불가능에 더 가까워 보일지라도, 절대 미리 포기하지는 말자. 격렬한 운동을 시작하기 전 준비 운동으로 몸을 데우듯이, 이루고자 하는 목표를 향해 전력 질주하기 전 마음속에서 불가능이라는 개념 자체를 말끔히 지워야 한다. 그리고 나 자신을 향한 변치 않는 믿음으로 단단히 무장한다면, 그 목표에 도달하는 시간은 놀랍도록 단축될 것이다.

우재룡(禹在龍, 1884~1955)
대한 제국 육군 참교로 근무했으며, 군대 해산에 맞서 항일 의병 활동을 전개했다. 이후 대한 광복회 결성에 참여하고 군자금 조달, 친일파 처단 등을 전개했다. 해방 이후에는 독립운동 유적지를 정화하는 사업에 전념했다. 정부는 그의 공훈을 기려 1963년 건국훈장 독립장을 추서했다.

"조선이 일본의 통치로부터 벗어나는 것은 가능하다.
불가능하다는 것에 대해서는 생각한 바가 없다."

• 어제의 우재룡이 오늘의 나에게 •

• 13 •

현재가 과거와 싸우면 미래를 잃는다
- 김좌진 -

"현재가 과거와 싸우면 미래를 잃는다."

한국 독립전쟁사를 대표하는 백야 김좌진 장군이 남긴 메시지이다. 과거는 우리가 현재를 살아가는 힘이 되어 주기도 하고, 때로는 우리를 묶어 두는 족쇄가 되기도 한다. 과거가 현재에 어떤 그림자를 드리우냐에 따라 미래의 모습은 확연히 달라진다. 과거가 현재의 발판이 된다면 미래를 향해 성큼 나아갈 수 있을 것이다. 하지만 과거에 받은 상처와 갈등에 발목 잡혀 현재에 머물러 싸운다면, 결국 미래를 잃게 된다는 것을 김좌진은 통찰했다.

19세 때 대한 제국 육군무관학교를 졸업한 김좌진은 20대 초반에 조국의 주권이 일제에 의해 짓밟히는 참혹한 현실을 목도해야만 했다. 국권 회복을 위해서는 오직 무장 투쟁만이 답이라고 믿은 그는, 1915년 대한 광복회 창설에 합류했지만 얼마 지나지 않아 대한 광복회가 일제에 의해 해산되면서 좌절을 겪게 되었다. 이후 김좌진은 북간도 중광단의 초빙을 받아 독립군 사령관의 중책을 맡았고, 그의 지휘 아래 대한 군정서(별칭 북로 군정서)가 굳건히 자리 잡았다. 1920년, 북로 군정서는 홍범도의 대한 독립군과 손을 잡고, 한국 독립전쟁사를 바꾼 청산리 대첩을 승리로 이끌었다.

청산리 대첩의 대패에 대한 일제의 광기 어린 보복으로 간도 참변이 발생하자, 더는 간도에서 독립군 활동이 어렵다고 판단한 김좌진은 다른 독립군 부대 사령관들과 함께 소련으로 북상했다. 그러나 독립군 부대 지휘권을 둘러싼 소련과의 협상이 난항을 겪자 그는 다시 간도로 발길을 돌렸고, 북만주 일대의 독립운동가들을 다시 모아 적극적인 무장 투쟁을 표방하는 신민부를 결성했다. 김좌진은 주로 만주에서 무장 투쟁을 전개하면서도 국내에 밀사와 군대를 파견하는 등 조국 독립에 자신의 모든 것을 바쳤으나, 공산주의자의 저격으로 생을 마감하고 말았다.

김좌진의 독립운동은 초창기 한국 독립운동을 상징할 뿐 아니라, 한국 독립운동사의 큰 흐름을 만들어 냈다. 열악한 환경 속에서 편안함을 버리고 목숨 건 전쟁을 이끄는 것, 그것이 김좌진에게 드리워진 시대의 그림자였다. 그러나 일제의 지배 하에 김좌진은 그 자리에 멈춰 서서 대한 제국의 무능을 한탄하거나 비판하는 데에 자신의 귀한 시간을 낭비하지 않았다. 대한 제국의 몰락은 김좌진 개인이 어찌할 수 없는 거대한 흐름이었다. 그렇기에 그는 현재 자신이 할 수 있는 최선의 행동을 선택하며, 자신만의 미래를 만들어 갔다. 과거를 탓하지 않고 현재에 충실하며 당장 할 수 있는 일에 최선을 다함으로써 미래로 나아가는 것이 바로 '역사'이다. 그렇게 김좌진은 지금의 우리에게 역사가 될 수 있었다.

김좌진(金佐鎭, 1889~1930)
무장 독립운동가로, 신흥무관학교를 졸업한 뒤 북로 군정서 총사령관을 맡아 청산리 대첩에서 대승을 거두었다. 이후에도 만주 지역에서 독립운동 기반을 다지며 항일 투쟁을 이어갔다. 정부는 그의 공훈을 기려 1962년 건국훈장 대한민국장을 추서했다.

"현재가 과거와 싸우면 미래를 잃는다."

_____
_____
_____
_____
_____
_____

• 어제의 김좌진이 오늘의 나에게 •

14

나는 개새끼로소이다
- 박열 -

누군가 박열을 한마디로 표현하라면, '괴짜 독립운동가'보다 더 완벽한 말은 없을 것이다. 3·1 운동 당시, 그는 학교에서 인쇄물을 배포하다가 결국 퇴학을 당하는 징계를 받았다. 이후 일본 도쿄로 향한 그는 자신만의 신념인 아나키즘을 본격적으로 탐구하기 시작했으며, 그 길로 아나키스트로 활동했다. 1922년, 박열은 잡지 『조선청년』에 시 한 편을 발표하며 자신의 독특한 사유를 세상에 내보였다.

> "나는 개새끼로소이다
> 하늘을 보고 짖는
> 달을 보고 짖는
> 보잘 것 없는 나는
> 개새끼로소이다"
> - 「개새끼」 중 -

이 시는 첫 행부터 독자의 뇌리에 박힌다. 스스로를 '개새끼'라 내던진 그 표현에서 우리는 거칠고 우악스러움 너머에 꿈틀대는, 모든 권위에 대한 반골의 저항 정신을 엿볼 수 있다. 하늘을 향해, 또 달을 향해 끊임없이 짖어 대는 그 몸짓은, 어떤 억압에도 굴하지 않고 끝까지 반발하겠다는 포고와도 같다. 자신을 하찮게 낮추는 그 말 속에는 오히려 두려움이나 망설임은 일절 찾아볼 수 없는, 가히 위험천만한 상태임을 알리는 경고가 숨어 있었다. 이 시에 강렬히 매료된 일본인 여성 가네코 후미코는 박열을 만나러 갔고, 망설임 없이 동거를 제안했다. 박열은 꽤나 파격적인 이 제안을 흔쾌히 받아들였다.

1923년 일본 관동 지역을 뒤흔든 대지진 후, 흉흉해진 민심은 이내 힘없는 조선인들을 향한 살기로 돌변했다. 자경단이 조직되어 일본에 거주하던 조선인들을 무차별적으로 학살하는 '관동 대학살'을 일으킨 것이다. 박열과 가네코 후미코는 일본 당국이 예의 주시하던 인물들이었기에, 대지진 속에서 학살을 피해 다녔음에도 불구하고 '범죄를 저지를 우려가 있다.'는 혐의로 체포되었다. 이어서 폭탄 구입을 계획했다는 정황까지 포착되면서 박열과 가네코 후미코는 나란히 기소되어 법정에 서게 되었다.

가네코 후미코와 함께 재판을 받게 된 박열은 재판부에 다음과 같이 요구했다. 자신을 '피고'라 부르지 말 것, 가네코 후미코와 자신 모두 한복을 입도록 허락할 것, 일본어에 유창하지만 조선말을 쓸 것이니 통역사를 준비해 줄 것. 박열에게 재판장은 마치 놀이터와 같았다. 그는 재판을 자신을 명확히 선언하기 위한 의례의 일종이라 규정했다. 재판 과정 중, 변호사 후세 다쓰지의 도움으로 박열과 가네코 후미코는 혼인 신고를 하고 혼인 사진까지 촬영했다. 이 두 사람의 사진은 일본과 식민지 조선을 발칵 뒤집어 놓았다. 사형과 무기 징역을 선고받았음에도 불구하고 두 사람의 얼굴은 너무나 여유롭고 평화로워 보였다. 마치 그런 판결을 내린 재판부를 조롱하듯, 박열은 가네코 후미코의 가슴 위에 손을 올리고 가네코 후미코는 책을 읽는 자세로 사진을 찍었다.

박열은 억압과 금기라는 견고한 체제에 맞서 싸운 불굴의 자유인이었다. 우리는 때로 사회가 규정한 틀에 갇혀 어쩔 수 없이 관습에 구속되기도 한다. 그러나 박열처럼, '개새끼'를 자처하며 불합리한 사회적 틀이 있다면 이를 비웃고 깨부숴야 한다. 틀을 박차고 나아가 주어진 제약을 넘어설 때, 우리는 가장 우리다운 모습을 찾을 수 있을 것이다.

박열(朴烈, 1902~1974)
아나키스트이자 독립운동가로 3·1 운동 이후 일본에 건너가 불령사(不逞社)를 조직하고 항일 활동을 전개했다. 관동 대지진 당시 조선인 학살 책임을 모면하기 위해 일본 정부가 그를 검거하자, 일본 천황 암살 계획을 폭로해 사형을 선고받았으나 무기 징역으로 감형되었다. 정부는 그의 공훈을 기려 1989년 건국훈장 대통령장을 추서했다.

"나는 개새끼로소이다
하늘을 보고 짖는
달을 보고 짖는
보잘 것 없는 나는
개새끼로소이다"

• 어제의 박열이 오늘의 나에게 •

· 15 ·

대장부 의기에는
작은 거리낌도 끼어들 수 없다

- 박재혁 -

박재혁은 김원봉이 급진적 폭력 투쟁을 위해 조직한 의열단의 단원이었다. 일제 강점기, 서울의 종로경찰서와 더불어 부산경찰서는 독립운동가들을 가혹하게 탄압하고 고문하던 지옥 같은 곳으로 악명이 높았다. 김원봉은 박재혁에게 부산경찰서에 폭탄을 투척하는 비밀스러운 의거를 명했다. 의거의 목표는 부산경찰서의 서장 하시모토로 하여금, 자신이 누구의 손에, 어떤 까닭으로 죽는지를 분명히 깨닫도록 한 뒤 암살하는 것이었다. 박재혁은 하시모토 서장이 중국 고서를 즐겨 읽는다는 첩보를 입수했고, 중국 산둥 지방 고서상으로 위장한 채 운명의 여정을 시작했다. 상하이를 떠난 배가 나가사키에 잠시 멈춰 섰을 때 박재혁은 김원봉에게 무사히 도착했음을 알리는 편지를 보냈다. 편지에는 의거를 향해 떠나는 자신의 마음이 더없이 즐겁다는 고백과 함께, 좋은 결과를 기대해 달라며 김원봉의 얼굴을 다시는 보지 못할 것이라는 비장한 전언이 담겨 있었다.

대마도를 거쳐 부산 땅을 밟은 이튿날 아침, 박재혁은 마침내 하시모토 서장과 마주했다. 고서적을 소개하는 척하며 서장에게 접근한 그는, 약속된 순간 책 보따리에서 의열단 전단을 꺼내 보이며 자신의 신분과 의열단의 대의를 선언했다. 뒤이어 하시모토 서장의 죄상을 열거한 뒤, 기다렸다는 듯 폭탄을 투척했다. 굉음이 터져 오르자, 박재혁과 하시모토 서장 모두 화상을 입은 채 쓰러졌다. 중상을 입은 서장은 병원 이송 후 숨을 거두었고, 박재혁 역시 중상을 입은 몸으로 붙잡혔다. 체포 시 자결해야 한다는 의열단의 불문율에 따라, 박재혁은 투옥된 날부터 물 한 모금도 마시지 않고 단식을 이어가다가 불과 27세의 나이로 옥중 순국했다. 그는 살아생전, 다음과 같은 격언을 즐겨 이야기하곤 했다.

> "대장부 의기는 서로 믿음에 있으니,
> 작은 거리낌도 끼어들 수 없다."

대장부의 의기를 박재혁과 의열단의 단장 김원봉 사이의 믿음이라고 일컬을 수 있다. 박재혁이 김원봉에게 죽음을 앞두고 "즐겁다."라고 전하며 의거를 행할 수 있었던 힘은, 바로 혼자가 아니라는 확신에서 비롯되었을 것이다. 거친 꿈에 도전할 때, 혼자가 아니라는 믿음과 흠 없는 돈독한 관계는 용기의 원천이 된다. 상호 간의 깊은 신뢰는 쉬이 흩어질 것을 결속시키고, 부서질 것을 굳건하게 만들 수 있는 힘을 지닌다.

박재혁(朴載赫, 1895~1921)
의열단 단원으로. 일제의 식민 통치 핵심 인물 암살을 목표로 한 항일 무장 투쟁에 참여했다. 부산경찰서에 폭탄을 투척해 하시모토 서장을 처단했으며, 체포된 후에도 의열단의 활동을 끝까지 함구하고 고문과 옥고를 견디다 옥중에서 순국했다. 정부는 그의 공훈을 기려 1962년 건국훈장 독립장을 추서했다.

"대장부 의기는 서로 믿음에 있으니,
작은 거리낌도 끼어들 수 없다."

・ 어제의 박재혁이 오늘의 나에게 ・

싸우는 날에 자유는 온다
- 김원봉 -

한국 독립운동사를 단 두 사람으로 요약해야 한다면, 김구와 김원봉을 빼놓을 수 없을 것이다. 일제에게는 그야말로 공포스러운 존재였던 약산 김원봉. 그는 모든 조선인 독립운동가를 통틀어 가장 높은 현상금이 걸린 사나이였다. 현 시세로 무려 약 320억 원에 달하는 그 어마어마한 현상금만으로도, 일제가 김원봉을 얼마나 두려워했는지 짐작할 수 있다. 1919년 11월, 그는 중국 지린성에서 아나키즘 단체인 의열단을 창설했다. 그리고 1920년대 초까지, 여러 의사들의 대담한 의거들을 진두지휘하며 독립운동의 최전선에서 활약했다.

의열단의 모든 의거가 승리로 기록된 것은 아니었다. 폭탄은 빈번히 불발되었고, 터진다 한들 목표물 제거에 실패하는 경우가 적지 않았다. 성공보다 실패가 더 흔한 현실이었다. 설사 의거가 성공하여 표적이 제거되었다고 해도, 그 자리는 늘 새로운 인물로 채워졌다. 그럼에도 김원봉은 굴하지 않고 다음과 같은 의열단 격문을 지었다.

> "완전한 독립과 자유가 올 때까지 싸우자.
> 싸우는 날에 자유는 온다."

김원봉이 의열단을 창설하며 진정으로 꿈꾼 것은 단순히 몇 차례의 의거가 아니었다. 그는 의거를 통해 민족의 저항 정신을 각인시키고, 이를 발판 삼아 3·1 운동과 같은 거국적 대규모 혁명을 국내에서 촉발시키고자 했다. 비록 그가 바랐던 대규모 혁명이 현실화되지는 않았지만, 김원봉은 일제에게 항상 주시해야 할 공포스러운 존재였다. 동시에 항일 전선에서 손을 맞잡은 중국 국민당 정부의 장제스에게는 그 누구보다 신뢰할 수 있는 동지였다.

장제스는 김원봉을 전폭적으로 지지했고, 그의 모든 아나키즘 활동을 면밀히 알고 있었다. 김원봉의 맹렬한 독립 의지에 감명받은 그는, 한반도에 무관심하던 국제 사회에 한국의 독립 문제를 선제적으로 건의하는 데 앞장섰다. 그렇게 김원봉은 한국 독립운동사에 지대한 흔적을 남겼다. 그가 지휘했던 크고 작은 의거들은 '독립'이라는 궁극적 목표를 향한 것이었다. 때로 좌절할 때도 있었으나, 이 모든 시도들이 합쳐져 일제의 심장을 흔들고 민족의 항일 의지를 대대적으로 표출함으로써 독립을 향한 거대한 흐름을 만들었다는 점은 분명하다.

우리 모두는 살아가며 실패와 마주할 수밖에 없다. 성공보다는 실패와 좌절이 더 많은 것이 삶의 일반적인 모습이다. 그러나 그럴 때마다 포기하지 않고 더 높은 곳을 향해 발걸음을 멈추지 않는다면, 비록 계획했던 중간 목표는 달성하지 못하더라도, 결국 최종 목표에 언젠가는 닿아 있을 것이다.

김원봉(金元鳳, 1898~1958)

무장 독립운동가로, 의열단을 조직하고 일제 주요 인물과 기관에 대한 폭탄 투척·암살 계획을 지휘했다. 이후 황푸군관학교를 졸업하고 조선 의용대를 창설해 무장 독립군 양성과 전투에 앞장섰다. 광복 후 남한 단독 정부 설립이 본격화되자 월북하여 북한에서 고위직을 역임했으나 숙청당했다.

"완전한 독립과 자유가 올 때까지 싸우자.
싸우는 날에 자유는 온다."

· 어제의 김원봉이 오늘의 나에게 ·

· 17 ·

이 순간을 나는 이미 오래전부터 각오하고 있었다

— 조명하 —

갓 스무 살을 넘긴 청년 조명하에게, 죽음을 무릅쓴 의거는 과연 어떤 의미였을까? 조명하는 독립운동의 뜻을 품고 일본에서 거사를 계획했지만 뜻을 펼칠 기회가 좀처럼 오지 않았다. 이에 대한민국 임시 정부에 합류하기로 결심한 그는 상하이로 가던 중 대만을 경유했다. 그곳에서 일본의 또 다른 식민지로서 대만이 겪는 가혹한 수탈과 일본군의 행패를 직접 목격했다. 잔혹한 현실 앞에 분노한 그는 원래 계획을 완전히 뒤바꿔 대만의 일본 총독을 처단하기로 마음먹었다.

1928년, 조명하는 일본 육군대장 구니노미야 구니요시가 대만의 타이중을 방문할 것이라는 정보를 손에 넣었다. 구니노미야는 일본 천황의 장인이자 일본 군부의 최고위 인물이었기에, 조명하는 그를 제거하는 일이 매우 큰 상징적 의미를 지닌다고 판단하여 의거를 준비했다. 그는 다른 의사들처럼 총을 사용하는 대신, 단 한 자루의 검을 택했다. 타이중에 도착한 구니노미야는 환영식을 마친 뒤 미리 준비된 자동차에 탑승했다. 자동차가 커브길에서 속도를 줄이는 그 순간, 조명하는 재빨리 검을 뽑아 차량을 향해 정확히 던졌다. 하지만 검은 구니노미야의 목을 아주 살짝 빗나가, 의도치 않게 운전사의 등에 꽂히고 말았다.

조명하는 체포된 뒤 대만에서 재판을 받았다. 대만 역시 일본의 식민지였기에, 이 재판은 형식적인 절차에 불과할 뿐 사실상 일본의 재판과 다름없었다. 예견된 수순처럼, 그에게 사형 선고가 내려졌다. 그리고 의거를 감행했던 그해, 꽃다운 24세의 나이로 총살형에 처해져 그의 삶은 끝을 맺었다. 당시 조명하는 사형이라는 절대적인 공포 앞에서도 흔들림 없이 다음과 같은 유언을 남겼다.

> "죽음의 이 순간을 나는 이미 오래전부터 각오하고 있었다.
> 다만, 조국 광복을 못 본 채 죽는 것이 한스러울 뿐이다.
> 저 세상에 가서도 독립운동은 계속하리라."

마음에 이루고자 하는 뜻과 이를 향한 굳건한 의지가 깃들 때 우리는 '의기'를 지니게 된다. 안락함을 버리고 불안정함마저 기꺼이 감내하며 목표를 향해 스스로 움직이는 힘, 그것이 바로 '용기'이다. 자신이 가진 힘만으로는 넘어서기 힘든 장벽 앞에 섰을 때도 기꺼이 도전하는 기백, 그것이 '패기'이다. 그리고 목표를 세운 그 순간부터 자신의 죽음까지 예견하고 온전히 받아들이면서도, 오직 그 목표를 위해 망설임 없이 몸을 던지는 강인한 정신, 그것이 바로 '결기'이다. 우리가 어떤 기세로 이 모든 과정에 임하는가에 따라, 나에게 다른 가치를 남길 것이다.

조명하(趙明河, 1905~1928)
무장 독립운동가로, 항일을 위해 일본을 알아야 한다는 신념 아래 일본으로 건너가 차별과 모욕을 겪으며 무장 투쟁을 준비했다. 이후 대한민국 임시 정부로 향하는 중간 경유지로 대만에 머물던 중 일본 육군 대장 구니노미야 구니요시에게 단검을 던져 중상을 입혔다. 정부는 그의 공훈을 기려 1963년 건국훈장 독립장을 추서했다.

"죽음의 이 순간을 나는 이미 오래전부터 각오하고 있었다.
다만, 조국 광복을 못 본 채 죽는 것이 한스러울 뿐이다.
저 세상에 가서도 독립운동은 계속하리라."

• 어제의 조명하가 오늘의 나에게 •

18

울어도 소용없는 눈물을 거두고
모두 일어서라

- 박차정 -

삶은 때로 우리를 수많은 좌절과 체념, 슬픔 속에 잠기게 하고 눈물 짓게 한다. 그러나 그저 울기만 해서는 결코 앞으로 나아갈 수 없다. 언젠가는 눈물을 닦고 굳건히 발을 딛고 일어서야만 한다는 진실을 우리는 가슴 깊이 알고 있다. 의열단의 단원이자 단장 김원봉의 아내였던 박차정은 조선혁명군사정치간부학교 교가 가사를 직접 지으며, 눈물만 흘린 채 행동을 망설이는 청년들을 향해 단호한 외침을 남겼다.

> "울어도 소용없는 눈물을 거두고 결의를 굳게 하여 모두 일어서라.
> 한을 지우고 성스러운 싸움으로 필승의 의기가 여기서 뛴다."

박차정의 부친 박용한은 대한 제국 탁지부 소속 측량기사였다. 그러나 일제가 국권을 강탈하고 무자비한 무단 통치를 펼치자, 이에 분개하여 스스로 목숨을 끊었다. 졸지에 가장을 잃은 모친 김맹련은 홀로 박차정을 비롯한 5남매를 억척스럽게 키워냈다. 박차정은 어려운 가정 형편 속에서도, 민족의식이 투철하여 청년 운동과 독립운동에 뛰어들었던 오빠들의 영향을 받으며 성장했다.

학생 시절 3·1 운동을 겪은 그는 민족 항일 운동과 여성 운동의 두 길을 병행하며, 일제 강점기 최대 여성 항일 운동 단체였던 근우회의 간부가 되었다. 근우회에서 왕성하게 활동하던 박차정은 일제의 감시망에 걸려 3개월간 옥고를 치렀다. 출소 후, 그의 발길은 망설임 없이 중국으로 향했고 그곳에서 의열단의 김원봉을 찾아갔다(그의 오빠 박문호 또한 의열단 단원이었다). 김원봉과 박차정의 운명적인 만남은 사랑으로 이어졌고, 암울한 미래 속에서도 독립운동의 뜻을 함께하고자 1931년 베이징에서 백년가약을 맺었다.

의열단의 개별적인 의거 활동에 한계를 느낀 김원봉은 정식 군사 교육을 통한 조직적인 무장 투쟁의 필요성을 깨달았다. 이에 난징으로 가서 조선혁명군사정치간부학교를 설립했고 박차정은 이 학교의 교가 노랫말을 직접 지어 독립 투쟁의 굳은 의지를 담아냈다.

박차정은 남편 김원봉과 모든 행보에 함께하며, 여성 운동 또한 적극적으로 펼쳐나갔다. 하지만 전투 중 입은 총상의 후유증으로 박차정은 광복을 1년 앞둔 1944년에 세상을 떠났다. 그리고 그로부터 1년 후, 김원봉은 사랑하는 이 없이 광복을 맞이하게 되었다. 박차정이 직접 지은 노랫말처럼 김원봉은 아내와의 이별을 가슴에 묻고, 남아 있는 결의를 굳게 다진 뒤 독립운동을 이어나가 광복을 맞았다.

의열단 활동의 특성상 단원들은 서로의 죽음을 예견할 수밖에 없었다. 아무리 위대한 대의일지라도, 다시는 돌아오지 못할 길을 떠나는 동지를 바라보는 일은 결코 쉽지 않았을 것이다. 그럼에도 그 쓸쓸함마저 껴안는 것이 그들의 숙명이었다. 슬픔과 눈물은 단순히 피하거나 외면할 대상이 아니다. 오히려 눈물은 내면의 힘을 축적시키고 굳건한 결의를 다지게 하는 성장통이 되었다. 박차정과 단장 김원봉, 그리고 수많은 의열단 단원들, 더 나아가 모든 독립운동가들 역시 웃음보다는 눈물 흘리는 날이 더 많았을 것이다. 그들은 그 비통함을 외면하지 않고 받아들였기에, 더욱 숭고한 필승의 의지로 거듭날 수 있었다. 눈물을 멈추되 그 존재를 부인하지 말고, 기꺼이 성장의 동력으로 삼아야 한다. 이것이야말로 박차정이 후대의 청년들에게 전하고자 했던 교가의 진정한 메시지가 아니었을까?

박차정(朴次貞, 1910~1944)
여성 운동과 민족 운동 모두를 주도했던 독립운동가로, 근우회에서 활발히 활동했다. 중국으로 망명한 후 의열단에 가입하여 활동하고, 의열단의 단장 김원봉과 결혼했다. 조선혁명군사정치간부학교 여자부 교관이 되어 교육 및 훈련을 담당하다가 조선 의용대 부녀복무단장으로 무장 투쟁을 전개하던 중 순국했다. 정부는 그의 공훈을 기려 1995년 건국훈장 독립장을 추서했다.

"울어도 소용없는 눈물을 거두고 결의를 굳게 하여 모두 일어서라.
한을 지우고 성스러운 싸움으로 필승의 의기가 여기서 띈다."

• 어제의 박차정이 오늘의 나에게 •

19

함께하자는 '자'로 부릅시다
- 노백린 -

대한민국 국군의 창설 역사는 생각할수록 경이롭다. 어렵사리 명맥을 이어오던 대한 제국 군대가 일제에 의해 강제로 해산된 후, 이 땅에는 30년 넘게 국가를 지킬 공식적인 군대가 없었다. 그러나 독립을 맞이하자마자 근대적 군사 체제에 대한 변변한 경험조차 없던 나라가 놀라운 속도로 군대를 정비하고, 심지어 고도의 전문성을 요구하는 해군과 공군까지 창설하여 곧바로 6·25 전쟁에 투입했다. 이러한 일련의 과정들은 마치 순식간에 벌어진 기적처럼 느껴질 수도 있다. 하지만 국군의 역사를 좀 더 깊이 들여다보면, 이전부터 근대식 군대의 필요성을 간파했던 수많은 군사 전문가들의 치밀한 준비와 헌신적인 노력이 있었음을 깨닫게 된다. 보이지 않는 그러한 노력들이 겹겹이 쌓여, 대한민국 국군은 기적과도 같은 속도로 그 위용을 드러낼 수 있었던 것이다.

대한민국 공군의 뿌리를 논할 때, 흔히 최용덕 장군과 권기옥 비행사를 가장 먼저 떠올리지만, 그들보다 훨씬 앞서 공군의 중요성을 역설했던 선구자가 있었다. 그는 계원 노백린 장군이다. 1895년 대한 제국 관비 유학생으로 선발되어 일본 육군 중앙유년학교를 거쳐, 일본 육군사관학교를 졸업한 노백린은 이후 대한 제국 군대의 주요 장교로서 정령 계급(지금의 대령)까지 승승장구했다. 그러나 조국이 국권을 상실하자, 그는 독립운동에 헌신하기로 결심하고 미국 캘리포니아로 떠났다.

그는 장차 하늘을 지배하는 군대가 전쟁의 승패를 결정할 것이라는 확고한 신념으로 공군 창설에 혼신의 힘을 쏟았다. 이러한 신념을 바탕으로 캘리포니아 윌로우스에 한인비행사학교(대한인비행기양성소)를 설립하여 한인 비행사를 성공적으로 양성했다. 이후 노백린은 상하이의 대한민국 임시 정부로 합류하여 군무부 총장과 국무총리직을 맡았는데, 그 와중에도 공군 창설을 위한 준비에 전력을 기울였다. 그는 단순히 직책만 번지르르한 군인이 아닌, 행동으로 직접 모범을 보이는 참된 군인이었다. 임시 정부 합류를 위해 상하이에 도착한 노백린은 자신을 환영하는 자리에서 다음과 같은 연설을 펼쳤고, 리더십의 본질을 선명하게 보여 주었다.

> "'나가라! 싸워라! 싸우러 나가라!'는 '라'자 대신에 '자'로 고쳐서
> '나가자! 싸우자! 싸우러 나가자!'로 고쳐 부릅시다.
> 지금은 남만 하라는 '라'자를 쓰지 않고,
> 함께하자는 '자'자로서 함께 모여 일할 때외다."

그는 강압적인 명령형 어미인 '~라' 대신, 함께하자는 의미의 청유형 어미인 '~자'를 사용하도록 강조했다. 이는 리더로서 지시만 내리는 것이 아닌, 조직원들과 동등하게 동고동락하겠다는 의지를 드러내며 단결력을 이끌어 낸 것이다. 리더와 팔로워를 구분하지 않고 동지의식을 형성하는 것이야말로 리더가 갖춰야 할 가장 본질적인 자질이며, 단결되지 못한 조직은 쉽게 무너질 수 있음을 명확히 보여 준다.

노백린(盧伯麟, 1875~1926)

국군의 기초를 정립한 군사 지도자로, 대한 제국 육군무관학교 교장 등을 맡으며 군사 교육에 헌신했고, 미국 하와이에서 한인비행사학교를 설립했다. 이후 대한민국 임시 정부 군무부 총장과 국무총리직을 역임하며 공군과 육군 중심의 무장 기반을 구축했고, 참모총장으로서 독립군 조직을 체계화하려 했다. 정부는 그의 공훈을 기려 1962년 건국훈장 대통령장을 추서했다.

"'나가라! 싸워라! 싸우러 나가라!'는 '라'자 대신에 '자'로 고쳐서
'나가자! 싸우자! 싸우러 나가자!'로 고쳐 부릅시다.
지금은 남만 하라는 '라'자를 쓰지 않고,
함께하자는 '자'자로서 함께 모여 일할 때외다."

_____
_____
_____
_____
_____

• 어제의 노백린이 오늘의 나에게 •

- 에필로그 1 -

불가능에 가까운 꿈을 품고 있는 사람들

우리는 종종 "내가 저 시대에 태어났으면 과연 독립운동을 할 수 있었을까?"하고 스스로에게 묻곤 한다. 당연히 목숨을 걸고 나서겠다고 호기롭게 대답하는 사람들도 있겠지만, 사랑하는 이와 헤어져야 하고 지독한 고통을 견뎌내야 할 것이라며 주저할 사람들도 있을 것이다. 모든 역사는 시대적 특수성을 지니고 있다. 그러므로 우리는 우리가 지금 살고 있는 시대에 맞춰 새로운 질문을 던져야 한다.

조국의 독립이라는 목표를 위해 모든 것을 걸었던 '의사'. 그들 또한 우리와 다를 바 없이 두려움과 불안함을 느끼는 평범한 사람들이었다. 그럼에도 이들은 불가능에 가까운 꿈을 향해 기꺼이 몸을 던졌다. 언제 독립이 될지 모르는 막막함, 그리고 나 하나의 희생으로 과연 독립이 이루어질지 의심이 들 법한 상황 속에서도 그들은 결코 좌절하거나 낙담하지 않았다. 오직 올바르다 믿는 꿈을 꾸고, 그것을 실현하기 위해 맹렬히 행동했다.

의사는 평범한 사람이 해내기에 어려운 일을 성취했다. 그렇기에 우리는 그들을 존경하지만, 동시에 거리가 먼 존재로 인식하곤 한다. 하지만 잊지 말아야 할 것이 있다. 우리는 그들과 같은 민족의 DNA를 공유하는 후손이라는 사실이다.

지금 우리가 살아가는 사회에서 '불가능'은 종종 스스로를 옭아매는 한계가 되기도 한다. 그러나 의사들이 가능성이 없어 보이던 일에도 과감히 도전했듯, 우리 또한 불가능하다고 느끼는 일에 대해 꿈을 꿀 수 있고, 그 꿈을 향해 나아갈 수 있다. 이제 의사들의 삶에서 영감을 얻었으니, 우리가 살아가는 이 시대에 맞춰 스스로에게 질문을 던져 볼 차례이다.

Q & A

"나는 불가능해 보이는 꿈을 품고 있지만,
그 꿈에 도전할 마음의 준비가 되어 있는가?"

Q & A

"타인과 공존하고 호흡하며
협력할 수 있는 목표를 꿈꾸고 있는가?"

Q & A

"나의 목표를 위해 인고하는 시간을 견뎌낼 수 있으며,
좌절의 순간들이 오더라도 마주할 각오를 하고 있는가?"

_____

_____

_____

_____

_____

_____

_____

_____

_____

Q & A

"확고한 신념으로 불안함을 극복하고 있는가?"

PART 2

나의 절의를 굳건하게 지키리라, 열사

'세찬 선비'라는 이름의 열사(烈士). 이 이름 속에는 자신의 신념을 위해 기꺼이 맹렬하게 싸우고자 하는 강인한 의지가 담겨 있다.

어떤 이는 아무런 신념 없이 그저 세상의 흐름에 몸을 맡긴다. 또 다른 이는 편의를 위해 자신의 신념을 꺾기도 한다. 이번 파트에서는 모든 유혹과 시련에도 불구하고, 오직 자신의 신념 하나만을 붙들고 꿋꿋이 걸어간 독립운동가 열사들을 만나볼 것이다.

악에 맞서는 방식이 꼭 총과 칼을 든 채 전장에 나서는 것만 있는 게 아니다. 때로는 전사나 투사가 아니더라도, 각자의 자리에서 자신의 신념을 지키려 세상과 맞서는 굳건한 도전이 있다. 독립운동가 열사들의 어록을 통해 꺾이지 않는 신념과 가치관이 한 사람의 삶을 얼마나 숭고하고 의미 있게 만드는지 함께 느껴 보기를 바란다.

보통 '열사'는 신념을 위해 맨몸으로 저항하다가 목숨을 바치거나 자결한 독립운동가들을 가리킨다. 하지만 이 책은 강인한 신념을 바탕 삼아 다양한 방식으로 절의를 지킨 다른 인물들까지 '열사'의 이름으로 호명한다.

• 20 •

자신 있는 마음은
천만 개의 대포보다 강하다
- 이준 -

1905년, 일제는 대한 제국의 외교권을 박탈하는 을사늑약을 강제로 밀어붙였다. 일제의 강압으로 맺어진 이 늑약은 고종 황제의 승인 없이 이루어져 국제법상 아무런 효력이 없었다. 바로 그때, 고종 황제는 러시아 황제 니콜라스 2세로부터 극비리에 만국 평화 회의 초청장을 전달받아 희망을 보았다. 고종 황제는 을사늑약의 부당함을 국제 사회에 알리고자 회의가 열리는 네덜란드 헤이그에 이상설을 정사, 이준과 이위종을 부사로 임명하여 특사로 파견했다. 이준은 국내에서 고종 황제의 친서와 신임장을 가지고 러시아로 향했고, 이상설과 이위종을 만난 후 함께 네덜란드로 떠났다.

이준은 본래 민족 운동의 구심점인 상동교회에서 청년회장을 지냈다. 그는 일본 와세다대학교 법학과를 졸업하고 대한 제국 법관으로도 활동했다. 현재의 검사와 유사한 직책이었던 이준은 일본인과 내통하며 부정을 저지른 친일파들을 강력하게 조사했다. 또, 민족 운동 중 체포된 애국인사들을 사면 명단에 올리기도 했다. 나아가 일본인의 눈치를 보며 부당 행위를 일삼던 상관까지 기소하며, 당시 민중들로부터 '호법신(護法神)'이라는 칭송을 얻었다. 고종 황제는 이러한 이준의 대쪽 같은 일처리에 감탄하여 그를 부사로 임명했다.

이준이 포함된 헤이그 특사 3인방은 약 두 달 만에 네덜란드 헤이그에 도착했다. 그러나 이들의 움직임을 간파한 일제는 회의장에 대한 제국 대표단이 들어서는 것을 막았고, 특사단은 회의장 입장조차 불가능한 상황에 직면했다. 이는 만국 평화 회의 초청장을 전해 줄 때까지만 해도 대한 제국에게 우호적이었던 러시아가, '타협과 안정'이라는 외교 정책의 모토를 새롭게 정립하며 본래 경쟁 구도였던 일본과의 관계를 재설정한 것이 원인이었다. 일본과 타협하기로 결정한 러시아는 대한 제국의 만국 평화 회의 불참을 일본에 통보했다. 나아가 만국 평화 회의 의장인 넬리도프(Nelidof)에게 대한 제국 특사단에 협조하지 말라는 전문까지 보내는 배신적인 행위를 저질렀다.

회의장 문턱조차 넘지 못한 세 특사는, 회의장 밖에서 일본의 불법 행위를 고발하는 공고사를 각국 대표들과 언론사에 공개했다. 그러나 서양 열강들의 태도는 싸늘했다. 다행히 언론사들은 이들의 호소에 귀 기울여 특사단에 대한 기사를 싣고, 각국 기자단을 국제 협회에 초청하며 기자 회견의 장을 열어 주었다. 한때 일제에 대한 국제 여론이 뜨겁게 달아오르는 듯했으나, 그럼에도 불구하고 세 특사는 만국 평화 회의장에 끝내 들어설 수 없었다. 결국, 마지막 기회마저 놓친 채 만국 평화 회의는 허망하게 끝나 버렸다.

국가의 운명에 절망한 이준은 만국 평화 회의가 종료되기 하루 전, 분노와 울분을 터뜨리며 세상을 떠났다. 이준의 안타까운 죽음을 둘러싸고, 그가 누군가에게 살해당했을 것이라는 주장과 분통해 하던 그가 할복하여 자신의 내장을 회의장에 집어 던지며 자결했을 것이라는 섬뜩한 전설이 전해지기도 한다.

"사람의 자신 있는 마음은 천만 개의 대포보다 강한 것이다.
자신 있는 마음은 위대한 인물이 되는 일대 조건이라 하겠다."

누군가 절의의 의미를 묻는다면, 이준의 말처럼 '천만 개의 대포보다 강한 자신 있는 마음'이라 답하겠다. 내면에 올곧다고 믿는 신념은 스스로를 단단하게 무장시키는 힘이 된다. 올곧은 마음 역시 때로 냉혹한 현실 앞에서는 꺾일 수 있다. 하지만 그때마다 굴하지 않고 신념을 밀고 나아간다면, 언젠가는 시대의 흐름마저 바꿀 수 있을 것이다. 비록 아주 작은 변화일지라도, 그것을 창조하는 주체는 다름 아닌 바로 '나' 자신이다. 총칼 같은 무력만이 능사는 아니다. 절의를 굽히지 않는 당당한 자신감이야말로 무력, 폭력, 강압에 맞설 가장 강력한 무기가 되어 현실을 변화시킬 수 있다.

이준(李儁, 1859~1907)

대한 제국 최초의 검사로, 부패한 친일 관료들을 단죄하고 법무대신을 고발하는 등 강직한 법 집행을 실천했다. 고종 황제의 밀명을 받아 헤이그 만국 평화 회의에 특사로 파견되었다. 일본에 의한 을사늑약의 부당성을 국제 사회에 호소하고자 했으나 회의장 입장을 거부당한 뒤 현지에서 순국했다. 정부는 그의 공훈을 기려 1962년 건국훈장 대한민국장을 추서했다.

"사람의 자신 있는 마음은 천만 개의 대포보다 강한 것이다.
자신 있는 마음은 위대한 인물이 되는 일대 조건이라 하겠다."

• 어제의 이준이 오늘의 나에게 •

• 21 •

옳은 일을 했으니
비겁하게 삶을 구걸하지 마라
- 조마리아 -

1909년 10월 26일, 하얼빈역에 총성이 울렸다. 안중근이 한반도 침략의 원흉인 이토 히로부미를 사살하는 데 성공한 것이다. 그러나 그는 곧바로 러시아 경찰에게 체포되어 일본에게 넘겨졌고, 뤼순 감옥에 수감되었다. 몇 개월에 걸친 고통스러운 신문 조서가 끝난 뒤 1910년 2월 14일, 안중근은 사형 판결을 받았다. 아들의 사형 소식에 안중근의 어머니 조마리아는 오히려 담대했다. 그는 아들이 행한 일은 떳떳하고 정의로웠기에 이 재판 자체가 성립될 수 없다며 항소를 거부했다. 안중근 역시 어머니의 단호한 뜻을 따랐다. 조마리아는 그 후 면회조차 가지 않았고, 안병찬 변호사를 통해 아들에게 자신의 모든 염원을 전했다.

"아들아, 네가 항소를 한다면 그것은 일제에게 목숨을 구걸하는 짓이다.
네가 나라를 위해 이에 이르렀으니 다른 마음 먹지 말고 죽으라.
옳은 일을 했으니 비겁하게 삶을 구걸하지 말고
대의에 죽는 것이 어미에 대한 효도이다."

조마리아는 가장 이상적인 독립운동가의 어머니상으로 꼽힌다. 그러나 그를 '누군가의 어머니'로만 평가하기에는 그가 독립운동에 헌신한 바가 너무나도 크다. 조마리아 또한 한 명의 독립운동가로서 삶의 전면에서 활동했기 때문이다. 안중근의 의거 이전에 일어났던 국채 보상 운동 당시, 조마리아는 가족이 소지한 패물을 모두 국채 보상 의연금으로 내놓았다. 안중근의 의거 이후에는 독립운동가인 두 아들 안정근과 안공근을 따라 대한민국 임시 정부가 있던 상하이로 거처를 옮겼다. 대한민국 임시 정부가 여러 이유로 위태로워질 때는 재정난을 타개하기 위해 '대한민국 임시 정부 경제 후원회'의 임원이 되어 물질적으로 아낌없이 후원하기도 했다.

자기 자신에게 얼마나 당당할 수 있는가는, 곧 스스로를 얼마나 진정으로 신뢰하는지의 증거이다. 자신을 믿는 자는 자신이 한 행동을 의심하지 않으며, 그 모든 행동에 대해 기꺼이 책임을 지려 한다. 조마리아는 아들이 떳떳하게 행한 일에 대해 당당함을 잃지 않기를 원했고, 자신 또한 독립운동가로서 독립운동에 몸을 던져 개인과 가정, 그리고 민족의 운명을 짊어졌다. 아들 안중근은 비록 현실의 법정에서 사형 선고를 받았지만, 어머니 조마리아는 먼 훗날 역사가 그 불합리한 판결을 뒤엎고 아들에게 무죄를 넘어선 영광스러운 승리를 선사할 것임을 굳게 믿었다. 조마리아와 그의 아들 안중근이 그러했듯, 스스로 당당한 자는 비겁하게 굴복하지 않으므로 결코 패배하거나 무너지지 않을 것이다.

조마리아(趙性女, 1862~1927)
본명은 조성녀이며, 신실한 천주교 신자이자 안중근 등 3남 1녀를 독립운동가로 키운 어머니이다. 국채 보상 운동에 의연금을 기부하고, 아들 안중근의 항일 의거 후 대한민국 임시 정부를 적극 후원하며 '독립운동의 어머니' 역할을 했다. 정부는 그의 공훈을 기려 2008년 건국훈장 애족장을 추서했다.

"아들아, 네가 항소를 한다면 그것은 일제에게 목숨을 구걸하는 짓이다.
네가 나라를 위해 이에 이르렀으니 다른 마음 먹지 말고 죽으라.
옳은 일을 했으니 비겁하게 삶을 구걸하지 말고
대의에 죽는 것이 어미에 대한 효도이다."

_____

_____

_____

_____

_____

• 어제의 조마리아가 오늘의 나에게 •

22

내 죽음은 겨우 인(仁)을 이룰 뿐
- 황현 -

세계가 근대화로 급변하고 조선이 서양에 문호를 연 시점, 시대의 변화를 거부하며 오직 조선 성리학의 근간을 지키고자 했던 사대부와 선비에 대한 역사적 평가는 매우 야박하다. 분명 나라를 팔아먹으려 했던 지식인이나 관료들보다 백 배는 나은 이들이지만, 우리는 종종 일본 식민 지배를 불러온 조선의 약소국화에 대한 책임을 성리학적 세계관에만 매몰되었던 사대부들에게 전가하곤 한다.

매천 황현은 조선 시대 명재상인 황희의 후손이자 유서 깊은 명문가 출신이다. 그는 과거 소과에 뛰어난 성적으로 급제했지만 벼슬길을 마다하고 재야 지식인으로 남았다. 세상을 이롭게 하고자 실용 학문을 탐구했던 그는 경세치용의 실학을 계승하여 다양한 관점에서 학문을 연구했다. 황현은 시대의 변화를 통찰하면서도 전통 유학의 정신을 고수하려 했으며, 위태로운 조국의 운명을 외면하지 않았다. 오히려 지식인의 도리를 다하기 위해 분연히 일어섰다. 대한 제국의 혼란스러운 격동기를 『매천야록』에 기록한 배경에는, 조국이 수난을 겪는 모습에 대한 지식인의 절절한 안타까움이 담겨 있었다. 이윽고 1910년, 대한 제국의 국권이 완전히 일제에 넘어가자 황현은 절명시(絕命詩) 4수를 남기고 다량의 아편이 담긴 독주를 마시며 스스로 생을 마감했다.

只是成仁不是忠(지시성인불시충)
"내 죽음은 겨우 인(仁)을 이룰 뿐 충(忠)을 이루진 못했어라."

− 「절명시」 중 −

황현의 절명시 전문을 읽다 보면, 망국의 수난 속 선비가 느꼈을 무기력함과 깊은 회한이 독자의 가슴에 절절히 다가온다. 황현은 벼슬길에 나아가지 않았고, 최익현, 유인석, 이소응, 이인영과 같은 다른 선비들처럼 의병장이 되어 거병하지도 않았다. 나라가 무너지는 현실에 통탄했지만, 끝내 행동에 나서지 못한 것에 대한 지독한 부끄러움을 느낄 뿐이었다. 그렇기에 황현은 자신의 죽음이 충(忠)을 이루지 못했으나, 스스로 죽음을 택함으로써 인(仁)을 이루었다고 밝혔다. 황현의 자결은 모든 것을 포기했다기보다는, 자기 나름의 깊은 죄책감과 반성을 표현하기 위한 최후의 수단이었다. 성리학적 세계관이 조선의 약소국화에 대한 책임을 온전히 피할 수는 없지만, 최소한 조선의 마지막 선비들은 양심을 지키기 위한 각자만의 절의를 어떤 식으로든 보여 주었다.

세상에 후회 없는 삶은 없다. 우리는 때로 나설 수 있을 때 나서지 못했던 자신을 비겁하다고 자책하곤 한다. 하지만 널리 알려진 말처럼, 부끄러움을 아는 것은 부끄러운 일이 아니다. 진정 부끄러움을 알아야 할 이는, 뻔뻔스럽게 자신의 부끄러움을 외면하는 자이다. 자책하고 후회하는 마음 자체에 이미 깊은 가치가 있으며, 이러한 내면의 고뇌 또한 절의의 또 다른 모습이다.

황현(黃玹, 1855~1910)
시인이자 학자이며, 조선 후기 최고의 문장가로 꼽힌다. 과거 시험에서 장원으로 합격했으나 부패한 관료계에 실망하고 귀향한 뒤 시 짓기와 연구에 몰두했다. 을사늑약 강제 체결 이후 국권 회복 운동을 위해 중국으로 망명을 시도했으나 실패하고, 경술국치에 의해 나라를 빼앗기자 절명시를 남기고 자결했다. 정부는 그의 공훈을 기려 1962년 건국훈장 독립장을 추서했다.

只是成仁不是忠(지시성인불시충)

"내 죽음은 겨우 인(仁)을 이룰 뿐 충(忠)을 이루진 못했어라."

· 어제의 황현이 오늘의 나에게 ·

23

목적을 달성하기 위해 죽는다면
이 또한 행복 아니겠는가
- 이회영 -

이건영, 이석영, 이철영, 이회영, 이시영, 이호영. 이들 여섯 형제는 민족 결사 조직인 신민회에서 활동했다. 일제 강점기가 시작되자 이들은 명동 일대의 토지를 팔아 현 시세 약 600억 원에 달하는 거금을 모았고, 넷째 이회영은 이 막대한 재산을 독립군 조직과 군사 학교 설립에 사용하자고 처음 제안했다. 이러한 뜻에 따라 이들은 만주로 망명했고, 그곳에서 독립운동 자금을 운용할 단체인 '경학사(훗날 부민단)'를 설립했다.

무엇보다 항일 무장 투쟁을 이끌어갈 인재 양성에 집중한 경학사는 이회영 일가의 자본으로 군사 학교를 설립했다. 1911년 유하현 삼원보의 허름한 옥수수 공장에 신흥강습소가 첫발을 뗐고, 1912년 합니하로 이전하며 정식으로 신흥무관학교가 되었다. 국권 피탈 전 대한 제국 육군무관학교 출신 교관들의 지도 아래 조직적이고 수준 높은 훈련을 받은 신흥무관학교 졸업생들은 독립운동의 최전선에서 맹활약했다. 특히, 지청천이 이끈 서로 군정서와 김좌진이 이끈 북로 군정서의 주축으로 성장했으며, 북로 군정서는 청산리 대첩에 참여하여 일본군에게 씻을 수 없는 대패를 안겼다. 이는 독립전쟁사에 길이 빛날 위대한 승리였다. 또한, 이범석, 김원봉 등 수많은 신흥무관학교 출신 인사들이 한국 광복군의 중추적인 역할을 담당하기도 했다. 이처럼 신흥무관학교는 독립 투쟁의 가장 강력한 기반이자 자랑스러운 요람이었다.

이회영과 그 형제들은 독립군 조직의 자금을 위해 막대한 재산을 모두 바쳤다. 그들의 삶은 가난에서 헤어나올 수 없었다. 그 궁핍함은 일주일에 세 번 밥을 먹는 것도 "운이 좋았다."라고 말할 정도였다. 이러한 극심한 어려움 속에서도 이회영은 항일 투쟁을 멈추지 않았다. 그러나 독립군 기지 부지를 물색하던 중 안타깝게도 밀정의 밀고로 일제 경찰에게 붙잡혔고, 1932년 차디찬 옥중에서 파란만장한 생을 마감했다. 대의를 위해 절의를 지키며 충성을 다해 싸운 사람이라는 뜻의 '열사', 이 단어와 가장 잘 어울리는 인물 중 한 명인 이회영은 다음과 같은 묵직한 말을 남겼다.

> "인간으로 세상에 태어나면 누구에게나 자기의 목적이 있다.
> 목적을 달성한다면 그보다 더한 행복은 없을 것이다.
> 설령 목적을 달성하지 못하더라도, 그 목적을 달성하기 위해서 노력하다가
> 그 자리에서 죽는다면 이 또한 행복 아니겠는가."

목표를 향해 달려가는 삶의 경주에서도 '러너스 하이(runners' high)'는 존재한다고 믿는다. 러너스 하이는 최종 목표 달성 시 느끼는 성취감이 아닌, 목표 지점을 향해 달려가는 과정에서 느끼는 행복감이다. 이때 경험하는 행복감은 목표 달성에

새로운 힘을 만들어 낸다. 가쁜 숨을 내쉬며 한 걸음씩 내딛다 보면, 어느 순간 고통은 잊히고 '나는 지금 달리고 있다.'는 감각만이 선명하게 남는다. 비록 당초 목표에 도달하지 못하더라도, 도중에 포기하지 않고 끝까지 달려 얻어낸 러너스 하이의 경험은 훗날 삶의 중요한 원동력이 될 것이다.

이회영(李會榮, 1867~1932)
백사 이항복의 10대손으로, 조선에서 제일 가는 명문세가의 후손이다. 을사늑약으로 인한 일제의 국권 강탈에 맞서 형제들과 함께 전 재산을 처분하고 만주로 망명했다. 이후 서전서숙과 신흥무관학교를 설립해 독립군을 양성하며 무장 투쟁의 기반을 마련했고, 아나키스트로서 활동했다. 정부는 그의 공훈을 기려 1962년 건국훈장 독립장을 추서했다.

"인간으로 세상에 태어나면 누구에게나 자기의 목적이 있다.
목적을 달성한다면 그보다 더한 행복은 없을 것이다.
설령 목적을 달성하지 못하더라도, 그 목적을 달성하기 위해서 노력하다가
그 자리에서 죽는다면 이 또한 행복 아니겠는가."

───────────────────────────────
───────────────────────────────
───────────────────────────────
───────────────────────────────
───────────────────────────────

• 어제의 이회영이 오늘의 나에게 •

· 24 ·

우리 동포들이 다 평안한지요
- 이대위 -

미주 지역을 기반으로 활동한 대표적인 독립운동가 안창호는 여러 단체를 설립하며 미주 내 한인들이 불이익을 겪지 않도록 실호하고 규합했다. 이러한 과정에서 안창호와 어깨를 나란히 하며 미주 한인 사회의 구심점 역할을 한 또 한 명의 민족 지도자가 있었으니, 그가 바로 이대위였다.

이대위는 일찍이 미국 샌프란시스코로 유학길에 올랐다. 그즈음, 안창호는 이미 샌프란시스코 한인 사회에서 탁월한 지도력으로 명성이 자자했다. 당시 미주 지역에는 다양한 한인 동포 커뮤니티가 있었고, 1878년생 동갑인 이대위와 안창호는 함께 한인 동포들의 미주 사회 정착을 위해 헌신했다. 그들의 노력 덕분에 미주 지역 한인들의 민족의식은 더욱 확고해졌고, 1910년 2월에는 각지에 흩어졌던 한인 동포 커뮤니티들을 하나로 뭉쳐 대한인 국민회를 조직하기에 이르렀다. 샌프란시스코에서 시작된 대한인 국민회는 하와이, 멕시코 등지로 지부를 확장했고, 1912년 11월 안창호가 중앙총회장으로, 1913년 12월 이대위가 북미총회장으로 선출되며 구심점을 형성했다.

이대위는 단순히 한인들을 보호하는 역할에만 머무르지 않았다. 그는 국권을 잃은 비통한 상황일수록 민족 문화에 대한 끈을 더욱 단단히 잡아야 한다고 역설하며 한글 교육에도 매진했다. 나아가 직접 개발한 한글 식자기를 활용해 신문과 서적을 발간하며 동포들의 민족의식을 고취했다. 대한민국 임시 정부가 상하이에 뿌리내리자, 이대위는 미국 워싱턴에 구미 위원부를 설립했다. 이곳을 거점으로 그는 미국과 유럽에서 외교를 펼치고 대한민국 임시 정부의 활동을 알리는 것은 물론, 모금 활동까지 총괄하며 독립의 대의를 확장했다.

이대위는 건강이 악화되어 1928년, 51세의 나이로 세상을 떠났다. 보통의 독립운동가들은 유언으로 못다 이룬 독립운동에 대한 안타까움이나 독립에 대한 강한 의지, 그리고 후손을 위한 교훈과 바람을 남기곤 한다. 그러나 이대위는 그들과 달리 다음과 같은 다소 독특한 유언을 남겼다.

"우리 동포들이 다 평안한지요? 아이고 보고 싶어!"

이대위가 유언으로 남긴 질문에 오늘날 우리는 과연 '충분히 평안하다.'고 자신 있게 답할 수 있을까? 낯선 타지에서 한인들을 하나로 모으려 애썼던 이대위가 염원한 평안에, 우리는 진정 망설임 없이 고개를 끄덕일 수 있을까? 오늘날 우리 민족의 화합을 방해하는 외부 위협은 거의 사라졌음에도, 여전히 분열하는 사회 현실을 볼 때면 괜스레 앞선 시대의 선배들께 부끄러워진다. 이대위가 숨을 거두는 마지막 순간까지 그토록 보고 싶어 했던 우리 민족의 화합은, 후손인 우리에게 주어진 영원한 숙제이다.

이대위(李大爲, 1878~1928)
미주 본토의 한인 사회를 이끈 지도자로, 목회자이자 언론인, 민권 옹호자로 활약했으며, 대한인 국민회 북미총회장과, 대한인 국민회의 기관지 『신한민보』의 주필을 역임했다. 『신한민보』에서 그는 3·1 운동과 그 이후 국내 상황을 미주 동포들에게 알리는 등 민족의식을 고취했다. 정부는 그의 공훈을 기려 1995년 건국훈장 독립장을 추서했다.

"우리 동포들이 다 평안한지요? 아이고 보고 싶어!"

_____
_____
_____
_____
_____

• 어제의 이대위가 오늘의 나에게 •

· 25 ·

나라를 구하는 데에는
남녀의 구별이 있을 수 없다
- 윤희순 -

한국의 여성 인권사에서 중요한 전환점은 국가의 존망이 위태로웠던 개항기부터 국권을 상실한 일제 강점기에 이르는 시기였다. 총체적 위기 속에서 모두가 힘을 합치던 그때, 여성들 또한 독립운동에 적극적으로 참여하며 존재감을 드러냈다. 그들의 활약이 축적되자, '여성은 수동적'이라는 기존 여성관에 균열이 일기 시작했다.

이러한 변화의 물결 한가운데, 우리나라 최초의 여성 의병장 윤희순이 있었다. 유학자 집안에서 태어나 명망 있는 가문에 시집갔던 그는 마땅히 보수적인 삶을 살 법했으나, 시대를 뛰어넘는 자신만의 가치관으로 삶을 일궜다. 1895년 명성 황후가 일본 낭인에게 시해당하는 을미사변과 단발령을 강요하는 을미개혁이 단행되자, 윤희순의 시댁 식구들은 을미의병에 나섰다. 시아버지의 만류에도 의병 운동에 참여한 윤희순은 일본군 대장에게 4편의 경고문을 작성하여 보냈다. 또한, 「병정가」라는 의병 군가를 직접 만들어 항전 의지를 고취했으며, 의병을 위한 식사 제공 등 지원 역할도 톡톡히 책임졌다. 윤희순은 혼자만의 투쟁이 아닌, 모두의 싸움을 지향했다. 그는 마을의 여성들을 한데 모아 역사의식을 일깨우는 한마디를 던지며, 의병 활동에 동참하도록 독려하고 잠재된 구국 의식을 드러내도록 했다.

"비록 여자라 해도 나라를 구하는 데에는
남녀의 구별이 있을 수 없다."

을미의병 때 윤희순의 역할에 대해 '내조'로만 보는 시각은 여전히 존재한다. 그러나 그의 진정한 가치는 정미의병 때 더욱 빛을 발했다. 대한 제국 군대가 해산되며 전국 각지에서 정미의병이 일어날 때, 윤희순은 마을 여성들을 규합하여 '안사람 의병단'을 직접 조직하고 여성 의병장으로서 활약했다. 안사람 의병단은 어렵고 위험한 화약 제조, 군사 훈련, 그리고 정보 수집 등의 임무까지 수행하며 독립을 위한 모든 역량을 발휘했다. 이후 1910년, 경술국치로 일제 강점기가 본격화되자, 윤희순은 만주로 가 '조선 독립단'이라는 독립군 부대를 창설하고, 끊임없이 항일 투쟁을 이어갔다.

폐쇄적이고 불건전한 사회란, 태생적인 배경 때문에 자신의 역량을 마음껏 펼치지 못하거나 재능을 키우지 못하게 하는 사회이다. 역사를 돌이켜보면, 시대를 불문하고 수많은 이들이 타고난 성별 때문에 자신의 능력을 펼칠 기회조차 얻지 못했다. 의로운 마음과 행동에 어찌 성별의 구분이 있을 수 있단 말인가. 태어나면서부터 정해진 구별에 따라 개인의 사회적 역할에 한계가 지워질 수는 없다. 기회가 평등하지 않더라도, 절의와 의지를 품는 것은 온전히 개인의 몫이다. 그러니 최소한 내면에서 우러나는 뜻에서만큼은 스스로의 가능성을 제한하지 말자.

윤희순(尹熙順, 1860~1935)
우리나라 최초의 여성 의병장으로, 여성 의병단 조직, 탄약 제조소 운영 등 적극적으로 의병 운동을 지원했다. 총 8편의 의병가와 4편의 경고문을 만들어 구국 활동을 촉구하고, 중국 망명 후 조선 독립단과 노학당을 설립해 항일 인재를 양성했다. 정부는 그의 공훈을 기려 1990년 건국훈장 애족장을 추서했다.

"비록 여자라 해도 나라를 구하는 데에는
남녀의 구별이 있을 수 없다."

• 어제의 윤희순이 오늘의 나에게 •

· 26 ·

대들보가 아닌 주춧돌이 되고 싶었다
- 박찬익 -

1919년 3·1 운동 이후, 독립운동가들은 조직적인 독립 운동의 필요성을 절감하며 각지에 임시 정부를 설립했다. 국내 한성 정부, 무장 투쟁 노선을 취한 연해주의 대한 국민 의회, 외교 노선을 주장한 상하이 임시 정부가 그 예였다. 그러나 모든 독립운동가들은 정부의 통합이 시급하다고 판단했고, 상하이 임시 정부를 중심으로 대한민국 임시 정부가 출범했다. 상하이 임시 정부가 구심점이 되면서, 통합된 임시 정부는 외교를 통한 독립을 주요 목표로 설정했으며, 박찬익은 대한민국 임시 정부의 외교 활동을 주도했다.

당시 중국 국민당 정부는 항일 투쟁에 나선 한국 독립운동가들에게 분명 우호적이었지만, 그들 역시 발등의 불을 끄기 바빠 한국 독립운동을 전폭적으로 지지할 여력은 부족했다. 이러한 척박한 상황에도 박찬익은 중국 국민당 정부는 물론 각 군벌들을 만나 활발한 외교 활동을 펼쳤다. 그 덕분에 중국 관할지 내에서 체포되거나 억압된 한인들이 풀려나는 데 결정적인 역할을 하기도 했다. 대한민국 임시 정부가 모두의 기억에서 잊힐 만큼 쇠락했을 때도 그는 김구 곁을 지키며 마지막 희망을 놓지 않았다. 김구와 장제스 사이를 오가는 메신저로서, 그는 두 지도자 간의 중요한 가교 역할을 해냈다. 극적으로 성사된 회담에서 장제스가 김구에게 대한민국 임시 정부를 전폭 지지하겠다고 약속하자, 임시 정부는 꺼져가던 불씨를 다시 살릴 수 있었다. 이처럼 1930년대 이후 한국 독립전쟁이 중국군과의 연합을 통해 더욱 거세진 데에는, 박찬익의 숨은 공이 매우 컸다. 해방 직후인 1949년, 박찬익은 눈을 감으며 세상을 향해 이런 유언을 남겼다.

> "나는 기둥이나 대들보라기보다는 남의 눈에 띄지는 않지만
> 또한 그것이 없으면 제대로 서기 어려운 주춧돌이 되고 싶었다."

무너져가는 대한민국 임시 정부를 살린 김구의 헌신, 이봉창과 윤봉길 의거에 감화된 장제스의 지원, 1930년대 한중 연합 작전의 성공은 널리 알려진 역사적 사실이다. 그러나 이 모든 이야기들 이면에는 박찬익이라는 인물이 있었음을 아는 이는 많지 않다. 하지만 그것이 그가 원했던 삶의 방식이었다. 박찬익은 눈에 잘 띄는 대들보 대신, 땅 위에 조용히 자리 잡는 주춧돌이 되기를 택했다. 어둠이 있어야 별빛이 더욱 빛나고, 주춧돌이 있어야 대들보가 제 역할을 하듯, 세상 모든 위대한 성과는 가시적인 부분과 비가시적인 부분의 완벽한 조화 속에서 탄생한다. 비록 세상의 주목을 받지 못할지라도, 자신의 역할에 대한 흔들림 없는 고요한 자부심을 가져야 한다.

박찬익(朴贊翊, 1884~1949)
한국 외교 독립운동의 선봉장으로, 대한민국 임시 정부 외무부 외사국장을 맡아 외교 업무를 총괄했다. 광복군 창설, 좌우 합작, 정부 요인과 가족의 생계 문제 해결, 중국 국민당 정부의 지원을 이끌어 내기까지 다방면으로 활약했다. 정부는 그의 공훈을 기려 1963년 건국훈장 독립장을 추서했다.

"나는 기둥이나 대들보라기보다는 남의 눈에 띄지는 않지만
또한 그것이 없으면 제대로 서기 어려운 주춧돌이 되고 싶었다."

• 어제의 박찬익이 오늘의 나에게 •

27

청년들이여 꿈을 가져라
- 권기옥 -

대한민국 최초의 여성 비행사 권기옥은 10대 시절 3·1 운동에 큰 감화를 받아 평양에서 민족 운동을 전개하며 독립운동에 첫발을 내디뎠다. 그는 15세 때 미국인 비행사 스미스(A. Smith)의 곡예 비행을 보고 비행사가 되겠다고 다짐했다. 대한민국 임시 정부가 들어서자 권기옥은 상하이로 향했고, 윈난육군강무학교 항공군사학부에 입학했다. 물론, 입학 과정이 순탄하지는 않았다. 여러 항공학교에 지원서를 제출했지만 여자라는 이유만으로 번번이 거절당했다. 그러나 권기옥은 포기하지 않았고, 결국 대한민국 임시 정부 재무총장인 이시영의 추천서를 받고서야 비로소 입학의 문을 열 수 있었다.

윈난육군강무학교 생도 시절, 권기옥은 비행에 특출난 재능을 보였다. 그는 "비행기를 탈 수 있게 되면 폭탄을 안고 일본으로 가겠다."라고 서슴없이 말하며, 뜨거운 전사의 의지를 불태웠다. 1925년, 마침내 비행사 자격증을 손에 쥔 그는 중국 군벌 펑위샹(馮玉祥)이 이끄는 항공대에 입대하면서 비로소 한국 최초의 여성 비행사가 되었다. 1927년부터는 장제스의 중화민국(중국 국민당 정부) 공군에 소속되어 하늘을 누볐다. 1932년, 일제가 중국 상하이를 침략하면서 상하이 사변이 발발하자 그는 목숨을 걸고 공중전에 참전하여 공을 세웠고, 그 공로로 훈장까지 받았다. 1940년, 김구의 대한민국 임시 정부가 충칭에 자리를 잡자, 권기옥은 곧장 대한민국 임시 정부 군무부 산하 공군 설계 위원회에 참여하여 한국 광복군 비행대 편성을 위한 구체적인 계획을 세우기 시작했다. 이때 권기옥은 훗날 조국이 해방되면 더 이상 남의 나라 군대가 아닌 우리만의 당당한 공군을 창설하겠다는 원대한 꿈을 가슴 깊이 품었다.

"청년들이여 꿈을 가져라!
어느 나라든 젊은이들이 꿈이 있고 패기가 있으면
그 나라는 희망이 있다."

식민지 조선에서 억압받는 여성으로 살았던 권기옥에게 있어 비행사가 되겠다는 목표는 거의 불가능에 가까운 도전과 같았다. 막 첫걸음을 뗀 대한민국 임시 정부의 독자적인 공군 창설이라는 그의 염원 또한 아득하기만 한 꿈이었다. 하지만 그는 주어진 운명에 결코 굴복하지 않았다. 오직 자신의 꿈을 믿으며 거침없이 앞으로 나아갔다. 그렇게 권기옥은 결코 꺾이지 않는 날개가 되어, 끝없는 창공을 가르는 영웅으로 역사에 우뚝 섰다. 하늘에 한계가 없듯, 그의 꿈에도 끝은 없었다. 패기라는 날개를 달고 꿈을 향해 날아오르기 위한 날갯짓을 멈추지 않는다면, 우리 역시 언젠가 꿈의 비행을 하고 있을 것이다.

권기옥(權基玉, 1903~1988)
한국 최초의 여성 비행사로, 중국 국민당 정부 항공서 부비항원으로 복무하며 비행 및 중국과 대한민국 임시 정부 간 연락 임무를 수행했다. 일본의 밀정이라는 모함을 받아 옥고를 치르고 석방된 후 한국 광복군 비행대 편성 및 작전 계획 구상에 참여했다. 정부는 그의 공훈을 기려 1977년 건국훈장 독립장을 추서했다.

"청년들이여 꿈을 가져라!
어느 나라든 젊은이들이 꿈이 있고 패기가 있으면
그 나라는 희망이 있다."

· 어제의 권기옥이 오늘의 나에게 ·

· 28 ·

동포끼리는 사랑이란 것이 있어야 하겠다
- 권병덕 -

일제 강점기, 나라의 독립을 향한 열렬한 민족 운동의 한가운데에는 항상 종교계가 자리하고 있었다. 민족의 염원이 폭발한 3·1 운동 또한 민족 대표 33인으로 불리는 각 종교계의 거물들이 한뜻으로 기획한 거대한 민족적 봉기였다. 오늘날 천도교의 위세는 예전 같지 않으나, 일제 강점기 때까지만 해도 천도교는 종교계는 물론 민족 운동 전반에서 막강한 영향력을 발휘했다. 개항기 동학 농민 운동이 쓰디쓴 좌절로 끝난 후, 동학 내부에서는 친일파들이 생겨나며 동학의 명성에 짙은 그림자를 드리웠다. 이에 동학의 제3대 교주 손병희는 무너진 동학의 쇄신을 부르짖으며 종교명을 천도교로 바꾸고, 나아가 민족 운동의 선두에 서고자 했다. 이때 손병희의 곁에서 천도교의 재건과 민족 운동을 함께 이끈 사람 중 한 명이 권병덕이었다.

권병덕은 천도교의 주요 보직을 역임하며 손병희의 오른팔 역할을 했다. 그는 손병희가 처음 3·1 운동을 기획하던 순간부터 합류했고, 그렇게 민족 대표 33인 중 한 사람으로 이름을 올렸다. 민족 대표 33인은 학생들과 함께 3·1 운동을 준비했지만, 만세 시위가 종로 일대에 지나치게 확산되어 유혈 사태가 일어날 것을 깊이 우려했다. 이에 거사 하루 전, 민족 대표 33인은 당일에 따로 태화관에 모여 독립 선언서를 낭독하기로 결정했다. 마침내 1919년 3월 1일, 태화관에 모인 민족 대표들은 비장한 독립 선언식을 거행했다. 그들은 이에 대한 모든 책임을 지기 위해 조선 총독부에 전화를 걸어 자수했고, 곧 전원 체포되었다. 이후 권병덕은 1921년 11월 4일까지 길고 긴 수감 생활을 견뎌야만 했다.

민족 대표 33인의 민족적 상징성이 컸던 만큼, 그들의 출소는 세간의 집중을 받을 수밖에 없었다. 권병덕이 출소하는 날, 서대문 형무소 앞에는 기자들과 환영 인파가 몰려들었다. 그는 기자들 앞에서 출소 소감을 담담히 전했다.

"우리 조선 동포끼리는 사랑이란 것이 있어야 하겠다."

우리의 역사를 살펴보면, 외부적 압력을 받던 시기가 아니었음에도 불구하고 내부의 분열로 실패하거나 지리멸렬하는 경우가 더러 있었다. 동서고금을 막론하고 민족 내부의 의견 충돌은 인간 사회의 본능이며, 피할 수 없는 부분이다. 서로의 의견을 나누는 과정에서 피어난 갈등은 더 나은 결과로 이어지고 사회 통합의 씨앗이 될 수도 있다. 다만, 그 바탕에는 서로를 향한 깊은 사랑이 전제되어야 한다. 오로지 상대방을 비방하고 내 생각만이 옳다고 여기는 갈등은 몰락의 길을 자초할 뿐이다. 나 자신을 사랑하는 만큼 타인을 사랑하고 존중하는 자세가 사회의 근간을 이룬다면, 그 속에서 벌어지는 갈등은 결국 사회 전체의 이익으로 돌아온다는 것이 권병덕이 우리에게 전하고자 했던 바가 아니었을까?

권병덕(權秉悳, 1868~1943)

천도교 주요 간부이자 3·1 운동 당시 민족 대표 33인의 일원으로 독립 선언서에 서명했다. 이후 신간회 활동을 했으나 해체된 이후에는 일제의 민족 말살 통치에 저항하고 민족의식을 고취하고자 『이조전란사』를 간행했다. 정부는 그의 공훈을 기려 1962년 건국훈장 대통령장을 추서했다.

"우리 조선 동포끼리는 사랑이란 것이 있어야 하겠다."

· 어제의 권병덕이 오늘의 나에게 ·

29

생각하되, 네 생각으로 하여라

― 차미리사 ―

예나 지금이나 '교육'이란, 미래 세대를 확보하는 어쩌면 국가가 행하는 가장 중요한 투자이다. 나라를 빼앗겼던 시대에 의열 투쟁과 독립군의 전쟁이 현재를 되찾기 위한 성전(聖戰)이었다면, 국내에서 전개되었던 민족 운동가들의 교육 사업은 미래를 개척하는 또 하나의 고귀한 투쟁이었다. 더군다나 교육의 혜택이 남성에게만 국한되었던 전근대적 사고관에서 탈피해 여성의 교육 수준을 높이고 국민 전체의 교육 상태를 진일보시킨 여성 교육은 그 의미가 더욱 클 수밖에 없었다.

개항기인 1886년, 마침내 조선 땅에 최초의 여성 학교인 이화학당(지금의 이화여자고등학교)이 문을 열었다. 그 뒤를 이어 정신여학교와 진명여학교, 명신여학교 같은 여성 교육기관들이 세워졌다. 그러나 일제 강점기가 시작되자, 일본은 '여자고등보통학교'라는 새로운 틀을 내세웠다. 1920년대 초, 조선 총독부는 제2차 조선 교육령을 시행하며 사범학교와 대학 설립을 허용하는 등 겉으로는 조선인들에게 교육의 기회를 일부 열어주는 듯했지만 그 속내는 달랐다. 일제는 실제 수업에서 조선어를 일본어 학습의 수단으로 전락시키고, 조선어가 아닌 일본어를 '국어'로 강요하는 등 동화주의 정책을 집요하게 펼쳐 나갔다.

이러한 일제의 폭력적인 교육 정책에 맞서, 여성 교육자이자 민족 운동가였던 차미리사는 자신만의 방식으로 여성 계몽 운동을 펼쳤다. 그는 3·1 운동의 정신을 이어받아 1920년, 조선여자교육회를 조직했다. 더 나아가 부인야학강습소를 열고 전국을 순회하며 여성 교육을 직접 실천했다. 그리고 1923년, 마침내 근화여학교(지금의 덕성여자대학교)를 설립하기에 이르렀다. 학교 이름에 담긴 '근화'는 '무궁화'를 뜻했다. 그는 학생들이 우리나라를 상징하는 꽃인 무궁화를 보며 민족의식을 키울 수 있도록 학교 곳곳에 무궁화를 심어 주었다. 나아가 그는 주체적이고 자율적인 삶, 자신의 앞길을 새롭게 개척하기 위한 창의적 지식, 그리고 깨달음을 실천하는 실천적 사고를 근화여학교의 설립 정신으로 삼아 다음과 같은 교훈을 제정했다.

"살되 네 생명을 살아라,
생각하되 네 생각으로 하여라,
알되 네가 깨달아 알아라."

나라를 빼앗긴 것이 부당한 이유는 바로 민족의 자유와 주체성을 강탈당했기 때문이다. 민족의 주체성은 그 누구도 침해할 수 없는 존엄한 가치이듯, 개인의 주체성 또한 결코 상실되어서는 안 된다. 일제 강점기 당시 독립운동에 힘쓴 교육자들은 자의식과 민족의식을 동일시했다. 현실이라는 거대한 장벽에 도전하는 용기는 개인의 자의식 각성에서부터 시작된다. 그렇기에 자신의 삶을 주체적으로 이끌 줄 아는 개개인이 모인 민족은 강력한 민족의식을 발휘할 수 있었다. 이는 곧 그들이 제국주의와 같이 타인과 타민족의 주체성을 박탈하려는 악의 논리에 맞서 싸울 수 있었던 강력한 무기가 되었을 것이다.

만약 우리가 주어진 대로 살고, 시키는 대로 생각하며, 아는 것에서 멈춘 채 깨닫지 못하고 남의 생각만 읊조리는 삶을 산다면, 이는 개인과 사회를 좀먹는 일이다. 국민이 국가의 주인이듯, 내 삶의 주인은 바로 내가 되어야 한다. 그러한 자각이 내면에서 깊어질 때, 비로소 나는 진정 나다워질 수 있을 것이다.

차미리사(車美理士, 1880~1955)
교육자이자 독립운동가로, 조선여자교육회를 조직해 전국을 돌며 여성 계몽과 민족의식을 확산시켰다. 근화여학교 및 근화학원을 설립해 여성의 실업 교육과 자립 교육을 주도했고, 광복 후 덕성여자초급대학 설립에 힘쓰며 여성 교육 발전에 크게 기여했다. 정부는 그의 공훈을 기려 2002년 건국훈장 애족장을 추서했다.

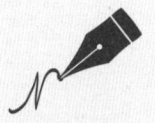

"살되 네 생명을 살아라,
생각하되 네 생각으로 하여라,
알되 네가 깨달아 알아라."

_____
_____
_____
_____
_____

• 어제의 차미리사가 오늘의 나에게 •

• 30 •

꺼진 등불에 불을 밝혀라
- 김란사 -

대개 위대한 영웅에게는 위대한 스승이 존재한다. 18세에 한 마을의 독립 만세 시위를 이끌고, 서대문 형무소 수감 중에도 만세 시위를 주도하다가 19세에 형장의 이슬로 세상을 떠난 유관순, 그에게도 '김란사'라는 스승이 있었다.

우리에게 '하란사'라고도 알려진 김란사는 유복한 가정에서 태어나 22세에 인천 감리서 별감 하상기와 혼인했다. 경제적으로 풍요로운 삶에 안주할 수도 있었던 그였으나, 안온한 삶을 거부하고 근대 교육의 문을 두드리고자 이화학당을 찾아갔다. 그러나 이화학당은 조혼이 배움의 걸림돌이 된다며 비판적으로 바라보았고, 기혼자인 김란사의 입학을 쉽사리 허용하지 않았다. 이에 김란사는 이화학당의 교장 룰루 프라이(L. E. Frey)를 찾아가 등불을 입김으로 불어 꺼뜨리며 다음과 같이 말해 결국 입학 허가를 받아내는 데 성공했다.

> "내 인생은 이렇게 밤중처럼 캄캄합니다.
> 나에게 빛을 찾을 수 있는 기회를 주지 않겠습니까."

이화학당에서 배움의 갈증을 채워가던 김란사는 해외 유학이라는 더 넓은 세계를 꿈꿨다. 김란사는 관비 유학생으로 선발되어 일본으로 유학을 떠났고 이후에는 자비로 미국 유학까지 갔으며, 그곳 웨슬리언대학교에서 고종 황제의 아들 의친왕과 같은 시기에 문학을 공부했다. 그는 미국 입국 시, 남편의 성을 따르는 미국 관습에 따라 이름이 '란사 하(Nansa Ha)'로 출입국신고서에 기록되어 '하란사'라는 이름으로 세상에 기억되었다. 김란사는 한국 역사상 최초의 자비 유학생이자 여성 해외 유학생으로, 당대 사회적 분위기 속에서 그의 학력은 독보적이었다. 6년간의 유학을 마친 뒤 김란사는 모교인 이화학당 교단에 다시 섰다. 그는 그곳에서 유관순을 비롯한 수많은 학생들에게 민족의식을 깊이 일깨워 주었다. 김란사는 예전 이화학당 입학을 위해 자신이 교장을 설득했던 말처럼, 자신의 학생들에게도 이러한 깨달음을 자주 되새겨 주곤 했다.

"꺼진 등불에 불을 밝혀라."

그것이 아무리 자신의 의지이고, 열정이며, 오랜 시간 품어온 꿈이라 할지라도 누구에게나 그 뜨거움이 식는 순간은 찾아오기 마련이다. 마음속의 등불이 꺼지는 순간, 해결책은 의외로 단순하다. 바로 다시 불을 밝히는 것이다. 처음부터 활활 타오르기만 하거나 영원히 불꽃이 꺼지지 않는 사람은 없다. 만약 그런 사람이 있다면, 그는 마음속 등불이 꺼지는 찰나의 순간에도 불꽃을 다시 지펴 올리며 쉼 없이 나아간 사람일 테다. 등불이 꺼져 캄캄해진 현실에 좌절할지라도, 다시 힘을 내어 불꽃을 일으키는 과정을 반복하다 보면, 등불이 꺼진 그 짧은 순간은 결국 다시 밝혀질 빛을 위한 숨 고르기였음을 깨닫게 될 것이다.

김란사(金蘭史, 1872~1919)
교육자이자 독립운동가로, 미국에서 수학 후 귀국하여 이화학당 교사로 활동하고, 주간학교(이화학당의 부속여학교)에서 기혼 여성들에게 한글과 육아를 가르치는 등 여성 교육과 계몽에 앞장섰다. 을사늑약 이후 대한 제국의 억울함을 알리기 위해 파리 강화 회의에 참석할 계획을 세우기도 했다. 정부는 그의 공훈을 기려 1995년 건국훈장 애족장을 추서했다.

"내 인생은 이렇게 밤중처럼 캄캄합니다.
나에게 빛을 찾을 수 있는 기회를 주지 않겠습니까."

"꺼진 등불에 불을 밝혀라."

• 어제의 김란사가 오늘의 나에게 •

31

작고 사소한 일부터 시작해라
- 조만식 -

1920년대에 접어들며 일제는 무자비했던 무단 통치 방식을 교묘한 문화 통치로 바꿨다. 겉으로는 조선인들을 존중하고 어루만지는 듯한 방침을 발표했으나, 그 속내는 식민지 조선인들을 더욱 영악하고 교활하게 통제하려는 속임수였다. 이러한 일제의 속임수에 맞서 국내 민족주의 진영에서는 조국에 독립의 기회가 왔을 때, 주체적으로 그 기회를 움켜쥘 수 있도록 민족의 역량을 키워야 한다는 '실력 양성 운동'을 전개했다. 실력 양성 운동은 경제, 사회 등 여러 방면에서 동시다발적으로 전개되었으며, 이중 '우리 것'을 지키고 키우자는 국산품 애용 분야의 신봉에는 고당 조만식이 있었다.

조만식은 평양의 뼈대 있는 양반 가문에서 태어나 한학을 익히며 자랐다. 15세가 되던 해, 아버지의 권유로 작은 포목점을 직접 운영하기 시작한 그는 일찌감치 기업가의 기질을 터득했다. 23세부터 기독교를 믿고 신학문을 공부했으며, 이후 일본 유학길에 올라 메이지대학교 법학부에 입학했다. 평소 놀기를 즐겨하고 소문난 대주가였던 조만식이었지만 일제의 간섭으로 나라의 운명이 위태로워지자, 더 이상 개인의 즐거움을 좇는 데 한눈 팔지 않았다. 민족의 운명에 대해 고뇌하기 시작했고, 특히 교육이야말로 민족의 미래를 결정짓는 초석임을 깨달았다. 이에 조만식은 안창호를 롤모델로 삼아 평양의 오산학교와 숭인중학교의 교장으로 부임하는 등 민족 교육에 헌신했다.

1920년, 한반도에 조선 총독부가 앞으로 수입품에 대한 관세를 철폐할 것이라는 소문이 돌기 시작했다. 평소 소비와 민족 자본의 중요성을 인식해 왔던 조만식은 국내 상공인들을 보호해야 한다는 책임감을 갖고 국산품 애용 운동인 '물산 장려 운동'을 전개했다. 1923년, 조만식은 조선 물산 장려회를 만들어 '내 살림 내 것으로'라는 표어를 내걸고 물산 장려 운동의 취지를 널리 홍보했으며, 물산 장려 운동은 동아일보의 적극적인 지원 속에 전국으로 확산되었다. 조만식은 물산 장려 운동에만 그치지 않았다. 민족주의자로서 조선인 본위의 교육을 위한 대학 설립을 주장하는 민립 대학 설립 운동에도 참여하는 등 실력 양성 운동의 적극적인 확산을 이끌었다.

하지만 조만식이 이끌던 민족주의 진영 안에서도 위기가 찾아왔다. 일제 식민 통치에 협력하려는 일부 자치론자들이 등장한 것이다. 조만식은 그들과 단호히 선을 그었고, 비타협적 민족주의자들을 한데 모아 새로운 길을 모색하며 좌우 합작 단체인 신간회 창설을 주도했다. 민족주의 독립운동의 거목이 되어 주었던 조만식이 남긴 말 한마디는 오늘날까지도 후대에게 귀감이 되고 있다.

"사소한 일부터 최선을 다 하다 보면
훌륭한 사람으로 성장할 수 있다."

조만식은 젊은 시절 유희를 좋아했지만, 민족의 운명을 직감하고선 허영을 배척하고 국산품 애용을 몸소 실천했다. 또, 간디를 존경했던 만큼 간디의 사상을 몸과 마음에 새겨, 신문사 사장으로 재직하는 동안조차도 소박한 옷차림을 즐겼다.

사람의 시선이 가시적인 큰 성과에 집중되는 것은 당연하다. 그 화려한 성과가 드러나기까지는 눈에 띄지 않는 작은 노력들이 쌓여 이루어지는 사소한 성과들이 반드시 선행되어야 한다. 지금 당장은 하찮고 별볼일 없어 보이는 일일지라도, 그 작은 씨앗들이 모이지 않는다면 거대한 결실은 결코 불가능하다. '조선의 간디'라 불렸던 조만식이야말로 작고 사소한 것의 진정한 중요성을 온몸으로 보여 준 최적의 인물이다.

조만식(曺晩植, 1883~1950)
정치인이자 독립운동가로, 일본 도쿄 유학 중 간디의 무저항주의를 접하고, 이를 일제에 대항하는 이념으로 삼았다. 평양에서 물산 장려 운동을 주도하고, 조선인 인재를 기를 수 있도록 조선 민립 대학 기성회를 만들었다. 광복이 된 이후에는 조선 건국 준비 평남 위원회를 조직해 새로운 사회를 조성하는 데 힘썼다. 정부는 그의 공훈을 기려 1970년 건국훈장 대한민국장을 추서했다.

"사소한 일부터 최선을 다 하다 보면
훌륭한 사람으로 성장할 수 있다."

• 어제의 조만식이 오늘의 나에게 •

32

우리 동네만 잠잠할 수 있느냐
- 유관순 -

유관순은 충청도 천안의 아우내 출신으로 개신교 집안에서 태어났다. 고향에서 학당을 다니던 중, 미국인 감리교회 여성 선교사의 권유를 받아 서울로 유학을 떠나 이화학당에 입학했다.

이화학당에 재학 중이던 그는 1919년 경성에서 일어난 3·1 운동을 목격했고, 3월 5일에는 학생 연합 시위에 직접 참여했다. 이때 일본 경찰에게 붙잡히는 일을 겪기도 했지만, 3·1 운동의 열기에 깊이 감화되었다. 곧 석방되자 전국에 휴교령이 내려졌고, 그는 고향 아우내에 만세 소식을 전하러 돌아왔다. 유관순은 만세 운동의 불을 지피기 위해 가족, 친척, 동네 어른들, 그리고 선배들을 설득했다. 그렇게 그는 아우내 만세 운동을 주도하게 되었고, 다음과 같이 말하며 만세 운동의 필요성을 모두에게 외쳤다.

> "삼천리 강산이 들끓고 있는데
> 우리 동네만 잠잠할 수 있느냐."

아우내 장날인 4월 1일, 약 3천 명의 군중이 '대한 독립'이라 쓰인 깃발을 흔들며 만세를 외쳤다. 고작 18세였던 유관순이었지만 그는 당찬 목소리로 만세를 외치며 군중의 선봉에 섰다. 일제는 순사를 동원하여 시위대를 강경하게 진압했고, 그 현장에서 유관순의 부모님 두 분을 포함해 19명이 목숨을 잃었다. 유관순은 현장에서 체포되어 보안법 위반 혐의로 5년형을 구형받았고, 항소심에서 최종 3년형이 선고되어 경성의 서대문 형무소에 수감되었다. 옥중에서도 유관순은 독립 만세를 멈추지 않고 목 놓아 외쳤다. 그의 의지를 꺾으려던 일제는 혹독한 고문을 가했지만, 그는 굴하지 않았다. 오히려 3·1 운동 1주년을 맞아 수감자들과 함께 형무소에서까지 만세 시위를 벌이며 강인한 독립 정신을 불태웠다. 1920년 4월, 영친왕의 결혼을 기념하여 유관순의 형량이 감형되는 듯했다. 그러나 그는 출소를 단 하루 앞둔 1920년 9월 28일, 19세의 꽃다운 나이로 옥에서 죽음을 맞았다.

유관순은 우리에게 진정한 리더의 자질이 무엇인지 일깨워 주고 있다. 10대 소녀였음에도 그는 어른들까지 진두지휘하며 만세 운동에 나섰고, 옥중에서도 수감자들의 가슴에 독립의 불씨를 지펴 만세를 외치게 했다. 유관순은 군중 앞에 당당히 나서는 용기와 가지고 있는 신념에 대한 투철한 정의감으로 자신을 따르는 이들에게 용기를 불어넣었고 이들을 굳건히 이끌었다. 리더란 단순히 경륜을 내세워 독주하거나 자신의 생각만을 강요하는 사람이 아니다. 진정한 리더는 주변 사람들이 각자의 능력을 최대한 발휘하며 나아갈 수 있도록 소통과 단합의 중심이 되는 인물이다. 우리는 유관순으로부터 이러한 리더의 본질을 배워야 한다.

유관순(柳寬順, 1902~1920)
일제 강점기 아우내 3·1 운동을 주도한 독립운동가로, 만세 운동을 주도한 죄로 체포되어 징역 3년형을 선고받고 서대문 형무소에 수감된 채 고문 후유증으로 순국했다. 정부는 그의 공훈을 기려 1962년 건국훈장 독립장을 추서했다.

"삼천리 강산이 들끓고 있는데
우리 동네만 잠잠할 수 있느냐."

• 어제의 유관순이 오늘의 나에게 •

33

이것도 우리의 혁명이란다
- 이화림 -

이봉창과 윤봉길의 의거는 독립운동사에서 가장 유명한 의거로 손꼽힌다. 후대의 우리는 이봉창과 윤봉길, 그리고 의거를 기획했던 김구에게만 집중하고, 그 위대한 의거 뒤에 한 여성 독립운동가가 있었다는 사실을 잘 알지 못한다. 그 모든 빛나는 활약 뒤에 가려진 이름이 있었으니, 바로 이화림이다.

이화림은 김구의 개인 비서이자, 주로 밀정 색출 및 처단 업무를 담당했던 비밀 요원이었다. 이봉창이 의거를 위해 상하이를 떠나기 전 폭탄을 어떻게 숨길지 고민하자, 이화림은 속옷에 주머니를 만들어 폭탄을 숨기라고 아이디어를 냈다. 윤봉길 의거 때는 훙커우 공원을 미리 정찰하여 거사 지점을 정교하게 계획하기도 했다. 애초 작전은 윤봉길과 이화림이 부부로 위장해 훙커우 공원에서 함께 의거를 감행하는 것이었다. 그러나 거사 직전, 김구는 사람을 보내 이화림이 행사장 안으로 들어가지 못하도록 막았다. 전해지는 바로는 이화림이 일본어에 유창하지 않아 발각될 가능성이 있다는 이유였지만, 앞뒤 정황상 그 명분은 쉽게 납득하기 어렵다. 일본어 실력이 문제였다면 처음부터 그를 거사에 투입할 이유가 없었다. 왜 처음과는 다르게 이화림을 작전에서 제외시켰던 것일까? 윤봉길 의거 이후 이화림이 김구를 떠나며 둘 사이의 인연은 끊겼다.

김구 곁을 떠난 이화림은 중국에서 간호학을 배웠다. 이후 중일 전쟁의 격전지 중 한 곳인 타이항산으로 향했고, 그곳에서 조선 의용군 의무병으로 활동했다. 총 대신 의술을 택한 항일이었다. 이화림은 늘 먹을 것이 부족했던 조선 의용군의 허기를 채우기 위해 자주 야산에서 돌미나리를 캤다. 돌미나리를 캘 때마다 그는 「도라지타령」에 '도라지' 대신 '돌미나리'라는 가사를 붙여 노래를 불렀고, 그 노래를 조선 의용군에게도 가르쳐 주었다. 척박한 환경 속에서 살아가는 의용군 사이에서 이 노래는 마치 유행가처럼 번져 나갔다고 한다.

"에헤야 데헤야 좋구나
어여라 뜯어라 지화자자 캐어라
이것도 우리의 혁명이란다"

이화림은 윤봉길 의거 이후 개인의 희생을 통해 독립을 이루려던 초기의 방식에서 벗어나, 새로운 투쟁 방향을 택했다. 그는 의술로 생명을 살리는 것 또한 독립운동의 길이라 여겼다. 함께하는 위대한 일에 오직 한 가지 방식만 존재할 수는 없다. 하나의 조직이 온전히 기능하려면 각양각색의 역할이 조화를 이루어야 한다. 중요한 것은 자신의 역할 비중이 타인과 얼마나 다른가 비교하며 따지는 것이 아니다. 오히려 이 조직과 전체를 위해 자신이 어떤 역할로 기여할 수 있는지를 고민하고, 동시에 타인의 역할을 존중하는 것이 진정한 협업이며 협동이다. 다채로운 역할과 활동이 공존했던 역사가 바로 우리의 독립운동이었다.

이화림(李華林, 1906~미상)
의료인이자 독립운동가로, 상하이로 망명한 뒤 한인 애국단에 가담하여 이봉창과 윤봉길의 의거 준비를 지원했다. 이후 중국에서 간호학을 수학한 후 김원봉이 이끄는 조선 의용대의 여자복무단 부대장으로 활동했으며, 이후 조선 의용군에서 부상자를 치료 및 간호했다. 6 · 25 전쟁 때는 의사로 조선 인민군 제6군단 위생소 소장으로 참전했다.

"에헤야 데헤야 좋구나
어여라 뜯어라 지화자자 캐어라
이것도 우리의 혁명이란다"

_____
_____
_____
_____
_____

• 어제의 이화림이 오늘의 나에게 •

- 에필로그 2 -

힘이란 무엇인지 고민했던 사람들

역사에서 우리가 반드시 주목해야 할 점 중 하나는 바로 '힘(力)을 어떻게 쓰는가.'이다. 인류 역사 속 힘을 의롭게 사용한 사례도 있었고, 힘을 제어하지 못하고 스스로 몰락하고 자멸해 버리는 사례도 더러 있었다. 또한, 오직 개인의 이익을 위해 힘을 쓰는 이도 있었던 반면, 모두를 위해 자신을 기꺼이 희생함으로써 진정한 힘을 발휘하는 이도 존재했다.

제국주의는 힘의 개념을 강함과 약함으로 이분하고, 군사력, 산업 규모, 기술 수준만을 척도로 삼아, 힘이 약한 나라에 대한 침략과 약탈을 정당화했다. 반면, 제국주의 열강의 지배하에 있던 피지배 민족들은 제국주의라는 절대악에 맞서 싸울 굳건한 힘을 길렀다. 그렇다면 20세기 인류 역사에서 현재의 우리가 얻을 수 있는 힘에 관한 가장 중요한 질문은 무엇일까? 바로 '힘은 어떤 근원에서 비롯하는가?'이다. 대포와 공장, 군수 물자와 같은 물리적 힘은 결국 피아의 구분 없이 모든 것을 태우고 자멸을 초래하기 마련이다. 하지만 가슴속 깊은 신념에서 피어난 힘은 당장은 미약해 보일지라도 장기적인 관점에서는 그 어떤 힘보다 오래도록 지속될 수 있다.

힘은 단 하나의 얼굴만 가지지 않는다. 내가 옳다고 믿는 신념과 이상을 꺾지 않고 밀어붙이는 결의. 자신의 부끄러움을 직시할 수 있는 용기. 현실의 장벽에 거침없이 맞서는 도전. 이 모든 것이 힘의 다채로운 양상이다. 무엇이 진정한 영웅을 만들어 내는가? 남을 무시하고 자신만이 홀로 우뚝 서려 하는 힘은 결국 악당을 만들 뿐이다. 올바른 신념에서 비롯한 힘에 대해 충분히 이해하고 지키는 그 떳떳함이야말로 바로 영웅을 탄생시키는 것이다. 사람들은 그 떳떳한 기백을 일컬어 '절의'라 부르곤 한다. 이제 우리 자신을 거울에 비춰 보자.

Q & A

"나는 어떤 신념과 가치관을 가지고

삶에 임하는가?"

Q & A

"나는 내 삶에서
주체의식을 충분히 가지고 있는가?"

Q & A

"내가 목표한 것을 끈질기게 물고 늘어질 자신이 있는가?"

PART 3

나의 신념으로
현명하게 맞서리라, 지사

'뜻 있는 선비'라는 뜻의 지사(志士). 여기서 말하는 '뜻'이란 나라와 민족을 위해 몸 바쳐 일하고자 하는 각오이다. 다만, 이번 파트에서는 뜻(志)에 '앎(知)', 즉 지혜를 통해 해법을 찾아 실천하고자 하는 그 의미까지 더했다.

그 어느 때보다 사회에 대한 깊은 사고력과 통찰력을 필요로 했던 시대에 뜻과 앎을 모두 겸비했던 독립운동가들의 목표는 단순히 빼앗긴 조국을 되찾는 광복에만 머무르지 않았다. 그들은 훗날 우리 손으로 일굴 새 시대와 사회에 어떤 가치들이 필요한지 치열하게 고민했다.

서로 다른 가치들이 공존하는 사회 공동체에는 수많은 딜레마들이 부딪히기 마련이다. 그럼에도 불구하고 독립운동가 지사는 자신의 길을 꿋꿋이 걸어가면서도, 타인과의 화합 및 공존까지 도모할 수 있는 이상적인 해법을 찾고자 고뇌했다. 그 고뇌는 개인적인 신념을 넘어, 공동체가 갈등 속에서도 조화로운 사회를 이루기 위한 방향을 모색하고 혜안을 얻는 실천적 지혜로 이어졌다.

그들이 고찰 끝에 어떤 답을 찾았고, 또 어떻게 역사를 만들어 갔는지 살펴보며 그들의 깊은 사고력과 통찰력을 엿보는 시간을 가져 보자.

34

마음속의 38선이 무너지고야 땅 위의 38선도 철폐될 수 있다

- 김구 -

누가 봐도 우람한 체격과 장대한 기골, 명성 황후의 시해범이라 생각한 일본인을 맨손으로 때려잡을 정도의 무력, 그리고 19세에 혈혈단신으로 동학 농민 운동에 뛰어들 정도의 넘치는 패기. 이 모든 것이 한국 현대사를 일깨운 백범 김구에 대한 설명이다.

김구는 거구에 걸맞은 뚝심과 신념으로 일생을 살았다. 3 · 1 운동 이후, 그는 대한민국 임시 정부 창설과 통합에 참여하여 초대 경무국장(지금의 경찰서장)이라는 중책을 역임하기도 했다. 하지만 1923년, 대한민국 임시 정부를 재건하고자 열었던 국민 대표 회의가 끝내 결렬되자, 많은 인사가 이탈하며 임시 정부는 존폐의 위기에 처하게 되었다. 김구는 대한민국 임시 정부야말로 독립운동의 굳건한 구심점이며, 장기적인 관점에서 독립 후 국가 건설의 제도와 기반을 마련할 가장 중요한 존재라고 확신했다. 이에 그는 한인 애국단 단장으로서 이봉창과 윤봉길 의거를 직접 기획하여 중국 국민당 정부의 지원을 이끌어 냈다. 이로써 대한민국 임시 정부의 존재를 동아시아 전체에 극적으로 알렸다. 태평양 전쟁 말기 일본의 패색이 짙어질 때 김구는 대한민국 임시 정부의 이름으로 일본에 선전 포고를 하는가 하면,

건국 강령을 발표하는 등 해방 후 우리가 이끌어 갈 독립 국가의 정부 수립을 치밀하게 준비하고 있었다.

그러나 1945년 8월 15일, 고대하던 광복을 맞이했지만 그 기쁨은 잠시였다. 미군정과 소련군정이 한반도에 들어와 각각 남과 북을 제멋대로 분할하여 대한민국 정부 수립에 깊이 개입했다. 미국과 소련은 대한민국 임시 정부를 정식 정부로 승인하지 않고 완전히 새로운 정부를 한반도에 수립하기로 결정했다. 그러나 그들 간의 합의는 결렬되었고, 한반도 문제는 마침내 유엔(UN)으로 이관되었다. 결국, 유엔(UN) 소총회에서 38선 이남 지역에서만 선거를 치르기로 결정하면서 한반도의 남과 북에 서로 다른 정부가 수립되는 비극이 현실로 굳어지고 있었다. 김구는 민족의 분단만은 절대 있어서는 안 될 일이라고 생각하여 남북을 오가며 통일 정부 수립을 위해 사력을 다했다.

"삼천만 자매형제여, 한국이 있어야 한국 사람이 있고 한국 사람이 있고야 민주주의도 공산주의도 또 무슨 단체도 있을 수 있는 것이다. … 마음속의 38선이 무너지고야 땅 위의 38선도 철폐될 수 있다. … 나는 통일된 조국을 건설하려다가 38선을 베고 쓰러질지언정 일신에 구차한 안일을 취하여 단독 정부를 세우는 데는 협력하지 아니하겠다."

− 「삼천만 동포에게 읍고함」 성명서 중 −

하지만 끝내 한반도는 분단되었고, 김구는 1949년 6월 극우 청년의 총탄에 암살되고 말았다.

"마음속의 38선을 무너뜨려야 한다."라는 김구의 읍고는 오늘날까지도 유효하다. 그 외침은 단지 정치적 통일을 넘어서, 인간 간의 이해와 존중, 공존을 실현하기 위한 그의 간절한 호소였다. 오늘날 우리 사회는 생각이 다르다는 이유로 상대방을 비방하고 무시하며, 특정 집단을 타자화해 각종 혐오 단어까지 만들어 내고 있다. 이러한 행태야말로 김구가 보기에 또 다른 마음속의 38선을 긋는 행위가 아닐까? 마음속의 38선을 허무는 것은 거창한 실천이 아니다. 갈등을 다루는 방식에서 성숙한 태도를 지니며, 내 주변의 '다름'을 인정하고 이해하는 작은 말과 행동으로부터 피어난다. 다양한 목소리가 보장되고 공존하는 사회를 만드는 것. 그 위대한 여정은 바로 우리 각자의 마음속의 38선을 무너뜨리는 것으로부터 시작될 수 있다.

김구(金九, 1876~1949)

개항기 동학 농민 운동과 의병 활동에 참여했으며, 일제 강점기 대한민국 임시 정부에서 경무국장, 국무령, 주석 등을 역임했다. 또, 대한민국 임시 정부의 부흥을 위해 한인 애국단을 조직했으며, 한국 광복군을 창설해 항일 무장 투쟁을 이끌었다. 광복 후에는 남북 협상을 추진했지만 그 뜻을 이루지는 못했다. 정부는 그의 공훈을 기려 1962년에 건국훈장 대한민국장을 추서했다.

"삼천만 자매형제여, 한국이 있어야 한국 사람이 있고 한국 사람이 있고야 민주주의도 공산주의도 또 무슨 단체도 있을 수 있는 것이다. … 마음속의 38선이 무너지고야 땅 위의 38선도 철폐될 수 있다. … 나는 통일된 조국을 건설하려다가 38선을 베고 쓰러질지언정 일신에 구차한 안일을 취하여 단독 정부를 세우는 데는 협력하지 아니하겠다."

• 어제의 김구가 오늘의 나에게 •

· 35 ·

청년이 죽으면 민족이 죽는다
- 안창호 -

도산 안창호. 그의 이름은 익숙하지만, 정작 그가 어떤 활동을 펼쳤는지 묻는다면 선뜻 답할 수 있는 이는 많지 않을 것이다. 안창호는 교육자였다. 그는 오직 교육만이 민족을 개조하는 유일한 길이라 주장했다. 인성과 실력을 두루 갖춘 청년들을 육성하여 만들어진 이상적인 사회만이 일본의 압제를 몰아낼 수 있다고 굳게 믿었기 때문이다.

뛰어난 언변을 겸비한 명연설가로서 명성이 자자했던 안창호는 일제 강점기 이전부터 독립협회와 신민회에서 활동하며 민족 운동을 펼쳤다. 1912년, 미국 캘리포니아에서 대한인 국민회의 총회장에 선출되었으며, 그 다음 해에는 미국 샌프란시스코에 우리 민족 청년들의 교육을 진흥시키고자 '흥사단'을 조직했다. 이로써 그는 민족 교육의 중요성과 정신을 고취하는 데 크게 기여했다. 이후 그는 중국 상하이로 건너가서는 대한민국 임시 정부의 내무총장으로 임명되기도 했다. 안창호는 교육을 통해 민족이 새롭게 태어날 수 있다고 보았고, 그중에서도 인성 교육을 가장 중요한 교육 이념으로 삼았다.

> "나 하나를 건전한 인격으로 만드는 것이
> 우리 민족을 건전하게 하는 유일한 길이다."

그는 인성이 온전히 갖추어진 후에야 또 다른 재능이 그 위에 꽃필 수 있다고 믿었다. 나아가 그가 추구한 교육의 궁극적인 목표는 다름 아닌, 인성을 갖춘 이들이 모여 일궈내는 사회였다. 그렇기에 그가 꿈꾸었던 세상은 '모두가 서로 사랑하는 마음으로 빙그레 웃는 사회'였다고 한다. 흥사단에서 그가 청년들에게 들려 주었던 이러한 이상은 사랑과 화합이 절실한 오늘날 우리 사회에 재조명될 필요가 있다.

> "낙망은 청년의 죽음이요,
> 청년이 죽으면 민족이 죽는다."

새 시대의 주역이 될 청년들이 꿈을 가져야 더 나은 미래가 보장된다. 만약 그들이 낙담하고 꿈을 찾지 않는다면, 사회의 발전이 멈추고 낡은 인습이 고여 악습으로 굳어질 수 있다. 안창호는 이러한 점에 주목하여 항일에 앞서 건전한 사회를 만들 수 있도록 청년들에게 사기를 북돋고 격려를 해야 한다고 강력히 주장했다. 청년은 무엇인가? 청년은 꿈을 가진 존재이다. 꿈을 가지지 않는 메마른 젊음은 결코 진정한 청년이라 할 수 없다. 모두가 희망을 잃지 않고 꿈을 품는 사회야말로 안창호가 그토록 그리던 사랑과 화합의 사회였다.

안창호(安昌浩, 1878~1938)
교육자이자 독립운동가로, 일제 강점기 이전 독립협회, 신민회 등에서 활동했다. 미국에서는 공립협회를 창립한 후 대한인 국민회로 발전시켰고, 흥사단을 설립했다. 또, 대한민국 임시 정부에서 내무총장 겸 국무총리 서리(대리)로 활동했으나 동우회 사건으로 체포되어 서대문 형무소에 수감되었다. 정부는 그의 공훈을 기려 1962년 건국훈장 대한민국장을 추서했다.

"나 하나를 건전한 인격으로 만드는 것이
우리 민족을 건전하게 하는 유일한 길이다."

"낙망은 청년의 죽음이요,
청년이 죽으면 민족이 죽는다."

• 어제의 안창호가 오늘의 나에게 •

· 36 ·

땅속의 씨앗은 스스로
흙을 들치고 올라온다
- 이승훈 -

이승훈은 평안도 출신으로, 어려서부터 장사를 배워 훗날 대상인으로 성장했다. 일제 강점기 이전, 조국의 주권이 하나둘씩 일본의 손아귀에 넘어가던 때, 그는 우연히 자신보다 젊은 안창호의 연설을 접하게 되었다. 이때 그는 청년 교육의 필요성을 절실히 느끼며 민족의식을 각성하게 되었고, 이로 인해 비밀 결사 단체인 신민회에 가입하며 독립운동에 참여했다. 1907년, 이승훈은 신민회 소속으로 다른 민족 자본가들의 투자를 이끌어 내어 평안북도 정주군에 오산학교를 설립했다. 김소월, 백석, 황순원, 이중섭, 염상섭, 홍명희 등 내로라하는 문학인들이 바로 오산학교 출신이었으니, 이곳은 우리 민족 문화와 정신의 요람 그 자체였다. 또한, 그는 1908년 평양에 각종 서적을 출판할 수 있는 태극 서관 설립을 주도했다. 평양 자기회사와 같은 민족 자본 회사를 설립하여 우리 민족의 상공업을 육성하고 자립 경제의 기반을 다지는 데에도 선구자적인 기여를 남겼다.

1910년, 경술국치로 나라가 허망하게 무너지자 대부분의 신민회 회원들은 만주로 넘어가 독립군 기지 건설에 나설 때였다. 하지만 이승훈은 다른 길을 택했다. 독실한 기독교인이었던 그는 조국 땅에 남아 종교 활동과 민족 교육에 헌신했다. 1919년,

천도교 측의 제안으로 종교계가 구심점이 되어 독립 선언서의 작성 및 낭독과 만세 시위를 계획했다. 이승훈은 평안북도에서 기독교계 대표 15인을 모아 민족 대표 33인에 합류했다. 1919년 3월 1일, 민족 대표 33인은 비장한 독립 선언식을 거행했다. 그 후 이들은 스스로 일제 경찰에 자수했고 이내 체포되어 옥에 갇혔다. 긴 투옥 생활을 마치고 출소한 이승훈은 오산학교의 운영을 다시 맡아 제자를 꾸준히 배출했다. 그는 죽음을 맞이하는 순간까지 오산학교 학생들을 언급하며 민족 교육에 작은 힘이라도 보태기를 바랐던, 참된 교육자이자 진정한 스승이었다.

"땅속의 씨앗은 자기의 힘으로
무거운 흙을 들치고 올라온다."

그는 학생들을 땅속의 씨앗에 비유했다. 무거운 흙을 스스로 들치고 올라온 씨앗처럼, 청년들도 자기만의 힘으로 이 험난한 세상에 우뚝 서기를 바란 것이다. 우리 모두는 지금 씨앗이거나, 한때 씨앗이었음을 기억하자. 흙을 밀어내고 세상 밖으로 돌아나는 시간이 더딜수록, 역경을 헤치는 '자기만의 힘'은 더욱 단단해질 것이다. 땅속에 묻힌 씨앗은 단번에 열매를 맺지 못한다. 흙 위로 올라와 세상의 모진 바람과 비를 묵묵히 견뎌내고, 따사로운 햇빛을 받으며 서서히 성장해 간다. 그렇게 천천히 뿌리내리고 줄기를 세워, 마침내 꽃을 피우고 열매를 맺는 것이다. 지금의 내가 어떤 모습이든 상관없다. 이 순간이 오기까지 지나온 모든 순간들을 잊지 말고, 지나온 발자취를 돌아보며 지금까지 충분히 잘 걸어왔다는 사실을 되새기자.

이승훈(李昇薰, 1864~1930)
교육자이자 독립운동가로, 오산학교와 강명의숙을 설립해 민족 교육에 앞장섰다. 안악 사건과 105인 사건으로 옥고를 치른 이후, 3·1 운동 당시 민족 대표 33인의 일원으로 독립 선언서에 서명했다. 「동아일보」 사장으로 취임해 활동하다 다시 오산학교로 돌아와 학교 운영에 힘썼다. 정부는 그의 공훈을 기려 1962년 건국훈장 대한민국장을 추서했다.

"땅속의 씨앗은 자기의 힘으로
무거운 흙을 들치고 올라온다."

• 어제의 이승훈이 오늘의 나에게 •

37

내가 청년이 되어야지
- 이상재 -

이상재는 유머러스하면서도 말 속에 촌철살인을 담는 독립운동가였다. 어느 날, 그는 한 친일파를 찾아가 일본 도쿄에 가서 살 마음은 없냐고 물은 적이 있다. 친일파가 영문을 모른 채 자신이 왜 도쿄에 가서 살아야 하느냐고 되묻자, 이상재는 기다렸다는 듯이 "대감이 조선에 살아서 조선이 망했으니, 일본에 가서 살면 일본이 망할 것 아니오?"라며 통렬한 한 마디를 날렸다. 또 다른 흥미로운 일화가 있다. 이상재가 일본을 방문했을 때, 한 일본인이 으스대며 일본군 대포를 자랑했다. 그러자 이상재는 그 대포를 보고서는 "과연 대일본제국이 문명한 나라임을 알겠소이다. 다만, 성경에서 칼로 흥한 자는 칼로 망한다 했으니 그것이 걱정이 되는구려."라며 상대의 자만을 꿰뚫는 비수를 날렸다.

이상재는 일제 강점기 당시 비록 노년의 나이였으나, 쾌활하고 유쾌한 기상에 나이를 불문하고 많은 후배들이 그를 민족 사회의 큰 어른이자 정신적 지주로 따랐다. 그는 청년을 한민족의 미래라 여겨, 민립 대학 설립 운동을 이끌며 청년 교육에 지대한 공헌을 했다. 그는 청년들에게만큼은 한없이 따뜻하고 자상했으며, 그 누구보다 '청년'이라는 단어를 사랑했다. 심지어 스스로를 청년이라고 칭하곤 했다. 노년에도 왜 자꾸 자신을 청년이라 소개하는지 사람들이 물으면, 이상재는 다음과 같이 답했다.

"내가 청년이 되어야지,
젊은이들에게 노인이 되라고 할 수는 없잖나?
내가 청년이 되어야 청년이 더 청년 노릇을 하는 것일세."

청년은 나이로 결정되는 개념이 아니다. 청년, 즉 젊음이란 삶의 관성에 안주하거나 타성에 젖지 않고 새로운 것을 꾸준히 갈구하며, 마르지 않는 꿈을 품고 세상에 맞서 도전하기를 멈추지 않는 그 자체를 의미한다. 아무리 나이가 젊다 해도 주어진 대로만 사는 이는 청년이라 할 수 없는 반면, 아무리 나이가 많아도 변화하는 세상에 발맞추려는 이는 당당하게 청년이라 부를 수 있다. 민족의 미래는 꿈을 꾸는 자의 몫이다. 이상재는 청년이 청년답고 대담하게 행동하는 세상을 염원했기에, 그 길을 열어 주고자 스스로를 청년이라 칭하며 사회를 변혁하려 했다.

이상재(李商在, 1850~1927)
독립협회 창립에 참여하고 만민 공동회의 실무를 맡아 민권 운동을 주도했다. 이후 3·1 운동에서 기독교 계열의 독립운동을 지도한 혐의로 체포되었고, 석방된 후 조선교육협회를 창설하고 조선 민립 대학 기성회를 조직해, 이 두 곳에서 회장을 역임했다. 정부는 그의 공훈을 기려 1962년 건국훈장 대통령장을 추서했다.

"내가 청년이 되어야지,
젊은이들에게 노인이 되라고 할 수는 없잖나?
내가 청년이 되어야 청년이 더 청년 노릇을 하는 것일세."

• 어제의 이상재가 오늘의 나에게 •

38

독립은 정신으로 이루어진다
- 남자현 -

남자현은 영화 〈암살〉에서 전지현 배우가 연기한 안옥윤 역의 실제 모티브가 된 독립운동가이다. 일제 강점기, 일부 여성 독립운동가들이 실력 양성 운동이나 독립군 내지 임시 정부의 후방 내조 역할에 머물렀던 것과 달리, 그는 서로 군정서라는 무장 독립운동 단체에 소속되어 엄연한 전사로 활동했다.

남자현은 양반 가문에서 태어나 양반 가문의 남자와 혼인했다. 하지만 남편이 을미의병에 참여했다가 전사하며 20대의 나이에 과부가 되고 말았다. 이후 그는 3·1 운동을 겪고서 남편의 원수를 갚고 나라를 구해야겠다고 생각해, 무려 40대의 나이에 주저 없이 만주로 향하여 독립운동에 투신했다. 서로 군정서에서 활동을 시작한 남자현은 처음에는 독립군 부상자 치료와 군자금 모집 등 후방 지원 업무를 도맡았다. 그러나 그의 독립운동은 후방 지원에만 머무르지 않았으며, 독립운동 단체의 화합을 호소하고 조국 독립에 대한 자신의 굳은 의지를 보여 주고자 두 차례나 손가락을 잘랐다. 이후 1931년, 일제가 만주를 침략하고 이듬해 만주국을 수립하자, 침략의 불법성을 조사하러 온 국제연맹조사단에게 손가락 마디를 잘라 쓴 '한국독립원(조선독립원)'이라는 혈서를 남기며 항일 정신을 보여 주기도 했다. 그리하여 그의 별명이 '세 손가락의 여장군'이었다.

남자현은 직접 전투 수행이 가능한 여군이 필요하다고 역설하며 여의군을 창설했고, 여성들도 독립운동에 참여하도록 여자 교육회를 세워 계몽에 힘썼다. 1925년, 그는 국내에서 사이토 총독 암살을 계획했으나 미수에 그쳤고, 1933년 그의 또 다른 거사가 만주에서 준비되었다. 만주국의 일본 대사 무토 노부요시를 암살하려던 시도였으나, 밀정의 내부 고발로 인해 거사 직전 그는 체포되었다. 감옥에서 6개월간 가혹한 고문을 견디면서도, 그는 일제에 항거하기 위해 단식 투쟁을 시작했다. 단식 9일 만에 병보석으로 출옥했지만, 고문과 옥고의 후유증을 이겨내지 못하고 결국 순국했다.

남자현은 생전에 모은 전재산을 아들에게 남기면서 훗날 조선의 독립 준비금으로 사용하라는 말을 남겼다. 실제로 이 돈은 해방 이후 개최된 3·1절 기념식전에서 김구와 이승만 대통령에게 전달되었다. 현재 남자현에게는 독립유공자 훈장 중 건국훈장 대통령장(2등급)이 추서되어 있다. 이는 여성 독립운동가 가운데 가장 높은 등급의 훈장이다. 의사와 열사의 타이틀을 모두 갖춘 남자현. 하지만 그를 지사로 엮은 것은 그가 한창 전투를 수행하던 당시, 전우들에게 늘 들려 주었던 다음과 같은 한마디 말 때문이다.

"독립은 정신으로 이루어진다."

우리의 독립운동 전쟁사를 보면 성공보다는 실패한 경우가 더 많았다. 실패와 죽음에 대한 극심한 두려움에도 불구하고 독립운동가들은 결코 물러서지 않고 맞서 싸웠다. 이는 곧 실패의 두려움보다 일단 나서서 도전하려는 정신에서 비롯되었다. 그러한 정신이 없다면, 어떠한 행동도 진정한 힘을 가질 수 없다. 실패는 때로 진정한 실패가 아닐 수도 있다. 당장 목표했던 무언가가 좌절될 수 있으나, 목표를 향한 정신을 꾸준히 유지한다면 재기할 수 있는 길은 반드시 보일 것이다. 눈에 보이는 물질적인 힘보다 보이지 않는 정신적인 힘을 믿어 보자.

남자현(南慈賢, 1872~1933)
3·1 운동 직후 만주로 망명해 서로 군정서에서 활약했고, 여자 교육회를 설립해 여성 계몽 운동에 힘썼다. 이후 사이토 총독 처단 음모에 참여했으며, 국제연맹조사단에 혈서를 보내 항일 의지를 국제 사회에 호소했다. 정부는 그의 공훈을 기려 1962년 건국훈장 대통령장을 추서했다.

"독립은 정신으로 이루어진다."

• 어제의 남자현이 오늘의 나에게 •

39

우리 자신의 다리로 서야 한다
- 김마리아 -

1919년 3·1 운동 직후 서대문 형무소로 끌려간 남편들의 옥바라지와 그 가족들의 생활을 돕고자 서울 경성에서 부녀자들이 합심해 혈성애국단 부인회를 조직했다. 혈성애국단 부인회는 이후 대한민국 임시 정부의 자금 확보를 담당하던 여성 독립단체 대조선 독립 애국부인회와 조직을 합쳤다. 신여성들이 대부분이었던 혈성애국단 부인회 회원들은 만세 시위의 불꽃을 지피고 임시 정부의 자금 확보에 나섰으나, 시간이 흐르면서 조직의 위세가 점차 사그라들었다. 위기 속 김마리아를 비롯한 17인이 조직의 쇄신에 나섰고, 1919년 10월, 대한민국 애국부인회를 창설했다. 종교인, 선생님, 간호사 등으로 이루어진 여성 회원 100여 명으로 시작한 대한민국 애국부인회는 김마리아를 회장으로 추대하고 평양, 대구, 부산 등지에 지부를 두는 등 그 세를 확장했다. 그리고 현재 시세로 약 6억 원에 달하는 거액인 6,000원의 자금을 상하이에 있는 대한민국 임시 정부에 전달하기도 했다. 그러나 안타깝게도 대한민국 애국부인회는 내부 고발자로 인해 와해되었고, 회장 김마리아는 체포되어 모진 고문을 받아야 했다.

출소한 김마리아는 독립운동 활동을 위해 중국 상하이로 넘어가 그곳에서 대한민국 임시 정부 임시 의정원의 최초 여성 의원이 되었다. 이후 미국 뉴욕으로 건너가서는 여성 유학생들과 뜻을 모아 근화회를 조직하며 미국 동포들의 독립 정신을 고취했다. 동시에 미국인들에게는 조국의 사정을 알리며 독립운동의 정당성을 알리는 선전 활동도 펼쳐 나갔다. 1932년, 김마리아는 마침내 고국으로 돌아왔다. 일제의 삼엄한 감시와 압박 속에서도 그는 신학교에서 강의하며 민족의식을 고취하고, 신사 참배를 거부하는 등 불굴의 항일 투쟁을 이어갔다. 그러나 안타깝게도 1944년, 고문 후유증으로 순국하여 조국의 해방을 끝내 보지 못했다. 안창호가 "김마리아 같은 여성이 10명만 있었다면 한국은 독립이 되었을 것."이라고 말할 정도로, 김마리아는 여성 독립운동의 상징적인 존재였다. 그는 유학 차 미국에 있을 때 미국학생연맹의 한 연설 자리에서 다음과 같은 말을 했다.

> "우리는 우리의 노력으로 성취될 때까지
> 우리 자신의 다리로 서야 하고
> 우리 자신의 투지로 싸워야 합니다."

간혹 무언가를 얻으려 할 때, 자신의 노력이 아닌 타인의 도움에만 기대어 게을러지는 순간이 찾아오곤 한다. 자신의 노력이 차지하는 비중이 작을수록 성취한 탑은 모래성처럼 쉽게 무너지기 십상이다. 비록 시간이 더 걸리고 과정이 순탄치 않더라도, 나의 다리로 어떻게든 버티는 투지를 발휘하여 얻어낸 결과물은 결코 쉽게 무너지지 않는다. 나의 노력으로 성취를 이뤄낸 과정에서 떳떳함을 가질 수 있도록 적어도 스스로는 당당해져야 한다.

김마리아(金瑪利亞, 1892~1944)
교육자이자 독립운동가로, 일본 도쿄 유학생 대표로 2·8 독립 선언에 참여한 뒤 선언문을 국내로 전파하고 3·1 운동 확산에 기여했다. 대한민국 애국부인회 회장으로 활동했고, 이후 대한민국 임시 정부의 군자금 송금 및 상하이 대한 애국부인회 간부, 임시 의정원 대의원, 근화회 회장 등을 역임하며 국내외에서 활동을 이어갔다. 정부는 그의 공훈을 기려 1962년 건국훈장 독립장을 추서했다.

"우리는 우리의 노력으로 성취될 때까지
우리 자신의 다리로 서야 하고
우리 자신의 투지로 싸워야 합니다."

• 어제의 김마리아가 오늘의 나에게 •

40

나라는 형체요, 역사는 정신이다
- 박은식 -

일제 강점기 당시 일제의 식민 지배 방식은 치밀하고 교묘했다. 일제는 단순히 폭압적인 정치를 넘어, 우리의 유구한 역사와 전통을 왜곡하며 자신들의 지배 방식을 정당화하려 했다. 이러한 행태에 민족 지식인들은 침묵하지 않았다. 일제의 식민 사관에 따라 왜곡된 우리 역사에 대해 민족 지식인들은 합리적인 근거와 주장으로 저마다의 사관을 형성하면서 대응했다. 그 갈래 중 하나가 바로 우리 민족의 고유한 민족성을 강조하는 민족주의 사관이었다.

언론인이자 사학자였던 박은식은 황성신문과 대한매일신보의 주필로 활동하며, 국권 회복과 실력 양성을 위한 논설을 써 애국 계몽 운동을 전개했다. 1915년, 그는 한민족의 역사를 집대성한 『한국통사』를 저술했다. 이 책에서 박은식은 한민족의 역사가 고대에서부터 현재까지 이어진 유구한 전통을 지니고 있음을 서술하고, 나아가 국권 피탈 과정을 상세히 다루며 식민 지배의 부당함을 세상에 알렸다. 그렇다면 박은식이 『한국통사』를 통해 그토록 강조한 그의 사상은 무엇이었을까?

"나라는 형체요, 역사는 정신이다."

많은 독립운동가들은 눈에 보이는 형체보다 눈에 보이지 않는 정신에 집중했다. 주권을 빼앗긴 나라는 더 이상 눈에 보이는 형체로 존재하지 않게 되었다. 그러나 박은식처럼 국권을 피탈당하는 과정을 겪고 국가의 치욕을 목도한 이들은 '나라'란 진정 무엇인가를 고민할 수밖에 없었다. 그 결과, 그들은 가시적인 것에만 얽매여서는 안 된다는 것을 주장했으며, 국가의 존립 여부와 무관하게 민족의 머리와 가슴속에 면면히 새겨진 정신의 중요성을 무엇보다 강조했다. 이러한 깨달음에 대해 확증이라도 하듯, 박은식은 『한국통사』에 이어 1920년, 항일 투쟁의 역사를 정리한 『한국독립운동지혈사』를 집필했다.

> "국혼이 멸망하지 않는 한
> 그 나라는 멸망하지 않는다는 것이다."

박은식은 우리의 머리와 가슴속에 새겨진 정신을 나라의 혼, 곧 영혼으로 표현했다. 어떤 일을 할 때 눈에 보이는 형태는 변하기 마련이다. 하지만 그 형태 안에 숨어 있는 본질적인 의미나 원리는 변하지 않는다. 그렇다면 우리의 겉모습은 어떤 변치 않는 영혼에서 나오는 것일까? 우리는 쉽게 변하는 겉모습만 보는가, 아니면 겉모습의 변화를 움직이는 정신에 더 집중하는가? 확실한 것은 나의 영혼이 상하지 않는다면, 나의 자아도 결코 흔들리지 않는다는 것이다.

박은식(朴殷植, 1859~1925)
언론인, 역사가이자 독립운동가로, 황성신문·대한매일신보의 주필로 활동했으며, 중국 내 최초의 한인 독립운동 단체 동제사를 조직하고 박달학원을 설립해 민족 교육의 토대를 마련했다. 민족 사학자로서 『한국통사』, 『한국독립운동지혈사』 등을 저술했고, 대한민국 임시 정부 제2대 대통령을 역임했다. 정부는 그의 공훈을 기려 1962년 건국훈장 대통령장을 추서했다.

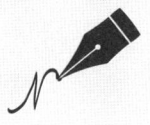

"나라는 형체요, 역사는 정신이다."

"국혼이 멸망하지 않는 한
그 나라는 멸망하지 않는다는 것이다."

_____
_____
_____
_____
_____

• 어제의 박은식이 오늘의 나에게 •

41

우리는 오직 시대를 개척해야 할 의무가 있다

— 안재홍 —

우리는 우리 의지와 상관없이 태어나, 기성세대가 이미 만들어 놓은 세상에서 살아야 한다. 다시 말해 우리는 다음 세대를 위한 새로운 세대관을 만들어 나갈 수 있는 사람이기도 하다. 이미 주어진 세상에 나오는 것도, 이후 내가 원하고 바라는 시대를 새롭게 만들어 나가는 것도 결국 인간의 운명이다. 독립운동가 민세 안재홍은 다음과 같이 말했다.

"우리는 오직 시대를 개척해야 할 의무가 있다."

안재홍의 이 말은 우리가 다음 세대를 위한 새로운 시대의 관점을 세울 수 있는 존재라는 뜻으로 해석할 수도 있다. 인간으로 세상에 태어난 이상, 우리는 보편적이고 절대적인 권리와 의무를 지닌다. 사람답게 살 수 있도록 보장하는 것이 권리라면, 의무는 과연 무엇일까? 그것은 원하든 원하지 않든 내가 속한 사회의 한 구성원으로서, 사회에 기여할 수밖에 없는 책임이 우리에게 주어진다는 것을 뜻한다. 즉, 그는 시대의 어둠과 밝음을 넘어 보다 나은 세상을 적극적으로 개척하는 것이 인간의 의무라고 보았다.

일제 강점기 중반, 조선 총독부는 교묘한 이간질 정책 아래 민족주의 진영 내에 친일 자치론자들을 키워내려 했다. 하지만 이때 일제와의 타협을 단호히 거부하며, 차라리 사회주의와 연합하여 민족의 단합과 독립만을 염원하고자 했던 민족주의 진영이 존재했다. 이와 같이 비타협적인 민족주의 노선을 주도했던 독립운동가 중 한 명이 바로 안재홍이었다. 그는 한국 고대 사상에 뿌리내린 공동체주의와 민족 정신의 회복을 간절히 염원했고, 공동체주의가 한국의 민족주의와 더불어 한국의 역사를 상징한다고 힘주어 주장했다. 그는 스스로 이를 '다사리 사상'이라고 명명했는데, '다사리'는 순 우리말로 '모두가 다 잘 살게 하리.'라는 뜻을 가지고 있다.

안재홍은 자신이 강조했던 통합과 화합의 가치를 실현하고자 했다. 그리하여 1920년대부터 공산주의 진영과 민족주의 진영으로 양분되어 있던 민족 해방 운동 세력을 하나로 합치자는 좌우 합작 운동을 적극적으로 전개했다. 이로써 그의 주도로 국내 최대 규모의 좌우 합작 단체인 신간회가 조직되었다.

인간에게 주어진 의무란, 내가 속한 세대의 흐름을 만드는 동시에 다음 세대에게 더 나은 가치를 전달하는 것이다. 다음 세대에게 물려줄 더 나은 가치는 결코 거대한 업적이나 성취에만 국한되지 않는다. 그저 자기가 선 자리에서 더 나은 가치를 창출하기 위한 작은 노력만으로도 우리는 선배로서의 의무를 다할 수 있다. 그렇게 작은 노력이 모여 만들어진 사회는 안재홍이 꿈꾸었던 모두가 화합하고 서로에게 의지하며 도움을 줄 수 있는 '다사리'의 세상일 것이다.

안재홍(安在鴻, 1891~1965)
신민족사학자이자 독립운동가로, 정인보와 함께 『여유당전서』를 간행하는 등 조선학 운동을 전개하고, 『조선상고사감』을 저술하는 등 식민 사학에 맞섰다. 해방 이후에는 조선 건국 준비 위원회 부위원장 및 미군정 민정장관으로 활동하고, 제2대 국회의원으로 당선되었으나 6·25 전쟁 중 납북되었다. 정부는 그의 공훈을 기려 1989년 건국훈장 대통령장을 추서했다.

"우리는 오직 시대를 개척해야 할 의무가 있다."

• 어제의 안재홍이 오늘의 나에게 •

42

산에서 흐르는 물이 바위를 뚫는다
- 이동녕 -

'산류천석(山溜穿石)'은 작고 보잘것없어 보이는 산의 물방울들이 모여 굳건한 바위마저 뚫어 낸다는 뜻의 사자성어이다. 산을 시작으로 미약하게 졸졸 흐르던 냇물이 모여 강을 이루고, 그 강은 굽이굽이 흐르며 흙과 돌을 깎아 내다가 마침내 광대한 바다로 나아간다. 산에서 흐르는 한낱 물줄기만 본다면 초라할지 몰라도, 그 물의 여정 마지막에는 끝없이 펼쳐진 창대한 바다가 기다리고 있다.

대한민국 임시 정부의 초대 임시 의정원 의장(지금의 국회의장)이었던 이동녕은 이 사자성어를 좌우명처럼 여겼다. 그는 개항기 독립협회에서 활약하며 애국 계몽 운동과 민권·국권 수호 운동에 힘썼다. 그러나 경술국치 이후 이러한 방법으로는 일제의 침략을 막기 어렵다고 여겨 국외 독립군 기지를 개척하고자 마음 먹었다. 이에 그는 신민회 창설에 참여하여 이회영 일가와 함께 서간도로 건너갔고, 그곳에서 척박한 황무지를 마련하여 독립운동 기지와 신흥강습소(훗날 신흥무관학교)를 설립하는 데 힘썼다.

이후 이동녕은 중국 상하이에 독립운동을 지휘할 최고 지도기관인 대한민국 임시 정부가 수립되어야 함을 강력히 피력했고, 최고 지도기관 수립 준비를 위한 독립 임시사무소 8인 위원회 일원으로 선임되었다. 성립부터 함께했던만큼 이동녕은 대한민국 임시 정부에 남다른 애착을 보였다. 대한민국 임시 정부 내 균열로 많은 구성원들이 이탈하며 유령 기구처럼 전락했을 때, 백범 김구가 홀로 임시 정부를 지탱한 것으로 알려져 있다. 그러나 김구 외에도 소수의 동지들이 곁에서 굳건히 임시 정부를 지켰고, 그 중심에 바로 이동녕이 있었다. 그는 국무총리, 대통령 직권 대리, 주석 등을 역임하며 김구의 가장 든든한 버팀목이 되어 주었다. 김구는 훗날 "오늘의 나를 있게 한 것은 이동녕의 덕분이었다."라고 회고하며 그에게 깊은 경의를 표하기도 했다.

이동녕은 일제의 탄압을 피해 대한민국 임시 정부와 함께 중국 곳곳을 옮겨 다녔다. 그의 길고 험난한 여정의 최종 종착지였던 쓰촨성 기강에 다다랐을 때, 그는 평소 자신의 지론이었던 사자성어 '산류천석'을 휘호로 남겼다.

山溜穿石(산류천석)
"산에서 흐르는 물이 바위를 뚫는다."

'산류천석'만큼 대한민국 임시 정부의 부침 과정을 딱 들어맞게 표현하는 말은 없을 것이다. 독립운동 노선 갈등으로 쇠락의 길을 걷던 대한민국 임시 정부는 소수 몇 사람들의 끈질긴 노력으로 마침내 중국 국민당 정부의 지원을 이끌어 냈고, 나아가 서양 열강과의 연대까지 가능하게 만들었다.

이처럼 대한민국 임시 정부가 극심한 침체기를 지나 희망과 인내를 오롯이 다지던 시점에 이동녕이 휘호를 남긴 것이다. 대한민국 임시 정부의 미래가 어떻게 될지 모르는 불안한 상황이었음에도 불구하고, 그는 임시 정부를 이끌어 가고자 했던 자신의 의지를 붓의 획에 담아 '산류천석'을 새겼다.

엄밀히 말하면 산에서 흐르는 물은 바위를 뚫지 못한다. 산에서 흐르는 물이 다른 물줄기와 만나고 꾸준히 흘러야만 바위는 물론 지형을 바꿀 정도의 힘을 얻게 된다. 작은 노력들이 만드는 큰 성과는 당장 눈앞에 나타나지 않지만 결실이 드러나는 순간, 삶을 뒤바꿀 만큼의 위력을 지닐 것이다.

이동녕(李東寧, 1869~1940)
정치인이자 독립운동가로, 인재를 양성하고자 민족 교육기관인 서전서숙과 군사학교인 신흥무관학교를 설립했다. 이후 대한민국 임시 의정원 초대 의장 및 임시 정부 주석으로 선출되어 20여 년 동안 대한민국 임시 정부를 이끄는 수호자 역할을 했다. 정부는 그의 공훈을 기려 1962년 건국훈장 대통령장을 추서했다.

山溜穿石(산류천석)

"산에서 흐르는 물이 바위를 뚫는다."

• 어제의 이동녕이 오늘의 나에게 •

· 43 ·

내가 사람이면 누가 뭐래도 나는 사람이다

— 여운형 —

1945년 8월 6일, 일본의 히로시마 상공에 원자폭탄이 투하되었다. 그로부터 사흘 뒤인 8월 9일, 나가사키 또한 같은 운명에 처하게 되었다. 일본은 더 이상 전쟁을 이어갈 수 없다고 판단했고, 마침내 8월 10일 연합군 측에 항복 의사를 전달했다. 이 패전 소식 때문에 조선 총독부 총독 아베 노부유키의 머릿속은 복잡했다. 일본이 공식으로 항복을 선언할 경우, 조선인들이 조선 내 일본인들에게 보복할까 두려웠기 때문이다. 이에 그는 정무총감 엔도 류사쿠를 시켜 국내 지도자급 독립운동가들과 긴급히 교섭하도록 지시했다. 그때 엔도가 접촉한 인물이 여운형이었다.

엔도는 치안 유지와 건국 사업에 간섭하지 않겠다고 약속하는 대신, 여운형에게 조선인들의 무질서를 막아 주고 일본인에 대한 보복 행위를 삼가 달라고 요청했다. 이 제의를 수락한 여운형은 일본이 무조건 항복을 선언한 8월 15일, 건국 준비 위원회를 발족하며 주권 이양의 독립을 염원했다. 그러나 조선 총독부는 여운형의 건국 준비 위원회에 행정권을 이양하겠다던 방침을 돌연 철회한 뒤 미국과 단독으로 항복 문서를 체결했다. 이후 한반도에는 미군정과 소련군정이 들어섰고,

극심한 이념 갈등으로 정부 수립은 거의 불가능한 지경에 이르렀다. 이에 여운형은 두 팔 걷고 나서 좌우 합작 운동에 매진했다.

여운형은 우익과 좌익 진영 모두로부터 존경을 받는, 보기 드문 독립운동가였다. 심지어 미국과 소련 양국 모두가 한반도에 통합 정부가 들어설 경우 그를 한국의 국가원수로 지지할 것이라고 밝혔을 정도로, 여운형의 국내외적 신망은 두터웠다. 그러나 그의 중도적 성향은 좌우 양 진영 극단에 있는 일부 사람들에게 눈엣가시였다. 그렇게 그는 극우 성향을 가진 청년들에 의해 무려 12번이나 테러 위협에 시달렸으며 결국, 혜화동 로터리에서 총탄에 맞아 생을 마감하게 되었다.

여운형은 어떠한 상황에서도 흔들리지 않는 굳건한 신념을 삶의 가장 큰 가치로 삼았다. 일제 강점기 시절, 그가 학도병 권유문을 썼다는 의혹이 퍼지자, 수많은 이들이 그에게 진실을 요구했다. 여운형은 자신을 의심하는 그들에게 '몽양 유객문'이라는 글로 다음과 같이 답을 대신했다.

> "사람들이 나를 사람이라 하여도 내가 기뻐할 바 아니요.
> 사람이 나를 사람이 아니라 하여도 내가 노여워할 바 아니라.
> 내가 사람이면 사람이 나를 사람이 아니라 하여도 내가 사람이요.
> 내가 사람이 아니면 사람이 나를 사람이라 하여도 내가 사람이 아니니라.
> 내가 사람이냐 아니냐를 알고자 할진댄
> 나를 사람이다 아니다 하는 사람이 사람이냐 아니냐를 알아보도록 하라."

때로 우리는 타인의 시선을 지나치게 의식할 때가 있다. 타인의 시선을 완전히 무시하는 것은 문제이지만, 과도하게 타인을 신경쓰다 보면 스스로를 검열하고 비난을 피하고자 자신에게 한계를 부여할 수 있다. 자신이 관철시키려는 뜻과 의지, 그리고 꿈이 있다면 오직 그 정당성만을 따지면 된다.

남들이 뭐라고 하든 자기만의 길을 가라고 말했던 여운형이 많은 이들에게 사랑받았다는 점은 어쩐지 모순처럼 느껴지기도 한다. 하지만 타인의 사랑을 받는 것과 나만의 길을 걷는 것이 꼭 서로 부딪히는 관계는 아니다. 여운형은 남의 시선을 의식하지 않고 자신의 길을 걸어갈 때 오히려 더 많은 사람들에게 응원과 지지를 받을 수 있다는 것을 보여 주었다.

여운형(呂運亨, 1885~1947)
정치인이자 독립운동가로, 대한민국 임시 정부 수립에 힘써 임시 의정원 의원과 외무부 차장으로 활동했다. 해방 전후에는 조선 건국 준비 위원회 위원장과 조선 인민 공화국 부주석으로 활동하며 통일 정부 수립을 위해 힘썼다. 정부는 그의 공훈을 기려 2005년 건국훈장 대통령장을 추서했고, 2008년 건국훈장 대한민국장으로 승격 추서했다.

"사람들이 나를 사람이라 하여도 내가 기뻐할 바 아니요.
사람이 나를 사람이 아니라 하여도 내가 노여워할 바 아니라.
내가 사람이면 사람이 나를 사람이 아니라 하여도 내가 사람이요.
내가 사람이 아니면 사람이 나를 사람이라 하여도 내가 사람이 아니니라.
내가 사람이냐 아니냐를 알고자 할진댄
나를 사람이다 아니다 하는 사람이 사람이냐 아니냐를 알아보도록 하라."

• 어제의 여운형이 오늘의 나에게 •

44

이번 기회에 꼭
만세를 불러야 하겠소
- 손병희 -

조선 왕조의 실질적인 마지막 대규모 민중 항쟁이었던 동학 농민 운동. 우리는 대개 동학 농민 운동의 전개 과정과 지도자였던 전봉준이 서울로 압송된 결과만을 주로 기억한다. 그러나 그 이후 동학은 크고 작은 변화를 통해 민족 운동의 구심점으로 발전해 나갔다.

동학 농민 운동의 실패 이후, 제2대 교주 최시형은 처형당했고, 그 공백을 메우기 위해 손병희가 제3대 교주로 취임했다. 손병희는 동학의 재기를 위해 조직 체계를 재정비하고자 동학교도를 중심으로 진보회를 조직했다. 그러나 그의 의지는 거대한 난관에 봉착했다. 진보회가 실무자인 이용구에 의해 친일 단체인 일진회와 병합된 것이다. 일진회는 을사늑약 체결 당시 대한 제국은 일본의 보호를 받아야 한다는 망언을 하며 국민의 격렬한 분노를 샀던 집단이었다. 손병희는 자신의 의도와는 다르게 진보회의 방향성이 불순하게 변질되는 현실에 깊은 절망을 느꼈다. 그는 1905년, 동학의 새로운 시작을 알리듯 종교명을 '천도교'로 개칭했고, 1906년 동학 내부의 친일 인사 62명을 단호하게 내쳤다.

대한 제국의 국운이 점점 쇠락하자, 그는 종교 활동보다는 민족 교육에 전념하기로 결심했다. 이는 민족의 혼을 일깨우고 독립 정신을 함양하는 데 교육만큼 중요한 것이 없음을 절감한 결과였다. 이에 손병희는 제자였던 박인호에게 교주직을 넘기고 여러 사립학교를 인수하거나 신설하며 운영에 나섰다. 그의 손에서 동덕여자대학교의 전신인 동덕여학교와 고려대학교의 전신인 보성전문학교 등이 탄생했다.

한편, 손병희의 노력으로 다시 태어난 천도교는 일제 강점기 이후 민족 독립 운동의 중요한 축으로 우뚝 섰다. 1919년 1월, 일본 도쿄에 있던 조선인 유학생들이 독립 선언을 준비한다는 소식이 들려오자, 손병희의 가슴에는 뜨거운 결의가 솟아올랐다. 이내 그는 독립 선언서를 발표하고 대규모 시위를 통해 독립 의지를 천명하고자 했다. 그의 이러한 움직임은 각 종교계에 빠르게 파급되었고, 민족 대표 33인이 하나의 뜻으로 모여 들었다. 이들이 기획한 독립 만세 시위가 바로 역사적인 3·1 운동이었다. 손병희는 천도교 간부들에게 독립 선언서 발표 및 만세 시위 계획을 알리면서 다음과 같은 의의를 밝혔다.

> "우리가 만세를 부른다고 해서 당장 독립이 되는 것은 아니오.
> 그러나 겨레의 가슴에 독립 정신을 일깨워 주어야 하기 때문에
> 이번 기회에 꼭 만세를 불러야겠소."

손병희가 부여한 만세 시위의 의의는 독립운동의 가장 중요한 본질을 꿰뚫고 있었다. 일제가 단번에 무너지지 않는 한 독립은 어려운 것이 현실이었다. 손병희의 말마따나 '만세'라는 단어를 외친다고 해서 당장 독립이 되는 것은 아니었다. 이 사실을 독립운동가들 또한 모르지 않았다. 그럼에도 그들에게는 작은 행동 하나하나가 독립을 위한 길에 보탬이 될 수 있으리라는 강한 믿음이 있었다. 민족 대표 33인

이 도화선을 지핀 만세 시위는 민중에게 들불처럼 퍼져 일제 강점기 최대 규모의 항일 투쟁인 3·1 운동을 낳았다. 이는 '일제의 통치 방식 변화'와 '대한민국 임시 정부 수립'이라는 놀라운 결과를 만들어 냈다. 그 후로도 끊임없이 이어진 독립에 대한 염원은 마침내 국제 사회의 시선을 사로잡았고, 제2차 세계대전 말에는 열강들이 한국의 독립 문제를 진지하게 논의하기에 이르렀다.

순간의 결과에만 연연하다 보면, 작은 좌절에도 쉽게 무너지기 마련이다. 큰 성과는 얻기 힘들고, 찾아오기까지 꽤 오랜 시간이 걸린다. 그렇다고 손에 닿지 않거나 영원히 오지 않는 것은 아니다. 인내심을 가지고 내가 당장 할 수 있는 일에 온전히 최선을 다한다면, 그 노력은 연쇄적인 긍정의 결과를 낳을 것이다.

손병희(孫秉熙, 1861~1922)
천도교 제3대 교주로, 22세에 동학에 입교한 뒤 동학 농민 운동에 참여하여 북접의 농민군을 이끌었다. 3·1 운동 당시 민족 대표 33인 중 핵심 인물로, 독립 선언서를 낭독하고 체포되어 복역했다. 정부는 그의 공훈을 기려 1962년 건국훈장 대한민국장을 추서했다.

"우리가 만세를 부른다고 해서 당장 독립이 되는 것은 아니오.
그러나 겨레의 가슴에 독립 정신을 일깨워 주어야 하기 때문에
이번 기회에 꼭 만세를 불러야겠소."

_____
_____
_____
_____
_____

• 어제의 손병희가 오늘의 나에게 •

· 45 ·

러시아의 추위보다 나라를 잃은
나의 심장이 더 차갑다
- 최재형 -

함경북도 경원에서 태어난 최재형은 어린 시절 지독한 기근을 피해 가족들과 함께 두만강을 건너 연해주에서 새 삶을 시작했다. 그곳에서 그는 러시아인 대부모(代父母)를 만나 러시아 정교회의 세례를 받고, '표트르 세묘노비치'라는 러시아식 이름을 얻게 되었다. 연해주 내에서 러시아어를 가장 유창하게 구사할 수 있는 한인이었던 최재형은 철도 도로 건설의 통역을 맡았다. 이때 그는 부당한 대우를 받던 한인 동포들의 입장을 대변해 주면서 그들을 돌보았다.

이후 최재형은 군수 산업의 큰손으로 성장했으며 자신의 회사에 한인을 직원으로 고용하여 동포들의 빈곤 해결에 큰 도움을 주었다. 그는 러시아 연추 한인 사회의 도헌(道憲, 지금의 군수에 해당함)으로 추대될 정도로 러시아 정부는 물론 한인 사회 모두에게서 절대적인 입지를 구축했다. 당시 최재형의 초상화가 연추 지역 한인들의 집집마다 걸려 있었음은 그에 대한 전폭적인 지지를 여실히 보여 준다.

그는 연해주에서 활동하는 독립운동가들을 물심양면으로 지원했다. 만주에서 활동하던 안중근이 국권 회복을 위한 단체를 설립하기 위해 연해주로 넘어오자, 최재형은 그와 뜻을 같이하며 의병 부대 '동의단지회'를 꾸렸다. 이때 최재형은 일본 제국주의 팽창을 저지할 방안에 대해 안중근과 논의하며 독립을 향한 굳은 결의를 다졌다. 1909년, 안중근이 마침내 이토 히로부미를 암살하기로 결심하자 최재형은 총과 자금을 지원하며 그를 격려했다. 이후 안중근이 의거에 성공하고 러시아군에 체포되었는데, 일본은 서둘러 그를 일본 영사관으로 인계해 자국 법원에서 재판을 진행하려 했다. 이에 최재형은 안중근의 사형만은 막기 위해 그가 러시아 법원에서 재판받을 수 있도록 모든 수단과 방법을 동원하여 지원했다. 그러나 최재형의 노력에도 불구하고 안중근은 일본 관동도독부 지방 법원에서 재판을 받게 되어 결국, 사형을 선고받았다.

최재형은 연해주 최대의 유지답게 신한촌의 한인들을 모아 최대 규모의 항일 단체인 권업회를 조직하기도 했다. 그리고 3·1 운동 전후에는 연해주의 독립운동가들과 함께 대한 국민 의회라는 임시 정부를 수립하는 데 앞장섰다. 최재형의 이름이 연해주 내에서는 워낙 독보적이었던 만큼, 일제에게 그는 가장 거슬리는 인물 중 한 명이었다. 이로 인해 1920년, 일본군이 연해주에서 잔혹한 참변을 일으킬 때 최재형은 가장 먼저 즉결처분당했다.

한인 동포 사회가 연해주 내에 조직되고 자리를 잡는 데 가장 결정적인 역할을 했던 최재형. 그의 별명은 러시아의 따뜻한 벽난로를 의미하는 '페치카(печка)'였다. 그 이름처럼 최재형은 한인 동포들에게 한없이 따스한 존재였다. 그러나 싸움에 임할 때 그는 전혀 다른 모습으로 다음과 같은 각오를 다졌다고 한다.

> "러시아의 추위보다 나라를 잃은
> 나의 심장이 더 차갑다."

'머리는 차갑게, 가슴은 뜨겁게'라는 말이 있다. 우리는 언제 차가워야 하고 언제 뜨거워야 할까? 최재형의 각오와 생애를 비추어 본다면 타인에게 온정을 베풀고 사회적 윤리와 책임을 다 할 때 필요한 것은 뜨거운 가슴이다. 반면, 결단과 실천을 요하는 순간에는 차가운 머리, 즉 냉철한 이성이 뒷받침되어야 한다. 타인과 관계를 맺거나 감정을 나눌 때 차갑다면 인망을 잃기 쉽고, 의지를 발휘하는 순간에 지나치게 뜨거우면 실수를 남발할 수 있다. 때로는 뜨거워야 하고, 때로는 차가워야 한다. 뜨거움과 차가움 사이에서 균형을 찾아 삶의 온도를 능숙하게 조절하는 능력, 그것이 바로 우리가 추구해야 할 삶의 지혜이다.

최재형(崔在亨, 1860~1920)
러시아 연해주 지역의 독립운동을 이끈 민족 지도자로, 항일 의병 단체인 동의단지회를 만들어 안중근의 의거를 지원했다. 또, 연해주 신한촌에서 한인 자치 기구인 권업회를 조직하고, 기관지로 권업신문을 발행하면서 러시아 한인 동포들의 경제·교육을 장려하며 항일 독립운동을 펼쳤다. 정부는 그의 공훈을 기려 1962년 건국훈장 독립장을 추서했다.

"러시아의 추위보다 나라를 잃은
나의 심장이 더 차갑다."

• 어제의 최재형이 오늘의 나에게 •

46

나누면 망하고 합하면 흥하리
- 이동휘 -

함경남도 단천에서 태어난 이동휘는 개항기에 대한 제국의 장교로 복무했다. 하지만 군대 해산 후에는 비밀 결사 단체인 신민회의 주요 간부로 활동하며 새로운 투쟁의 길을 걸었다. 일제 강점기에 일제의 탄압이 거세지자, 이동휘는 자신의 항일 의지를 불태우며 식민지 조선을 떠나 중국으로 망명했다. 그는 북간도를 거쳐 권업회의 초청을 받아 연해주 신한촌으로 발걸음을 옮겼고, 당시 자신의 환영식에 참석하여 이런 연설을 남겼다.

> "나누면 망하고 합하면 흥하나니, 만경창파에 풍도가 위험한데,
> 같이 탄 배 안에서 서로 돕고 구제하지 않겠는가?"

위와 같은 말을 통해 이동휘가 동포 사회의 단합을 얼마나 강조했는지 알 수 있다. 하지만 안타깝게도 이동휘는 독립운동가 간의 분열을 가장 가까이에서 목격해야 했다.

1917년, 러시아 혁명의 성공을 지켜본 그는 새로운 해법을 찾았다. 사회주의를 독립운동의 동력으로 삼는다면 소련의 강력한 지지를 이끌어 낼 수 있을 것이라는

확신이었다. 그리하여 1918년 코민테른의 도움을 받아, 한국 최초의 사회주의 정당인 '한인 사회당'을 세웠다. 하지만 미처 힘을 쓰기도 전에, 한인 사회당의 뿌리가 되어 주던 김알렉산드리아가 처형당하면서 한인 사회당은 허무하게 쓰러져 갔다. 그럼에도 이동휘는 한인 사회당의 정신과 명맥을 유지하고자 했다. 연해주에서 무장 투쟁 노선을 표방한 대한 국민 의회를 창설할 때나, 훗날 상하이 임시 정부로 모든 세력이 통합될 때까지도 그는 '한인 사회당 당수'라는 직함을 굳건히 지켜냈다.

하지만 1920년 1월, 러시아 내 몽골과 인접한 이르쿠츠크에서 과거 한인 사회당에서 동고동락했던 김철훈과 오하묵 등이 '이르쿠츠크 공산당 고려부'를 창당하고 자신들이 한인 사회당의 적통임을 주장하면서 이동휘의 입장이 난처해졌다. 이에 대한 반격이었을까? 이르쿠츠크 공산당 고려부가 회의를 통해 당명을 '전로 고려 공산당'으로 개칭하자, 잇따라 이동휘의 한인 사회당도 대회를 소집해 '고려 공산당'으로 당명을 바꾸었다. 단번에 두 개의 고려 공산당이 생긴 것이다. 김철훈과 이동휘는 서로가 진짜 계승자라며 상대방의 정당성을 부정했고, 결국 세간에서는 이 두 조직을 구별하기 위해 김철훈의 고려 공산당은 '이르쿠츠크파'로, 이동휘의 고려 공산당은 '상해파'로 나누어 불렀다.

그러는 사이, 간도 참변을 피해 수많은 독립군들이 소련 땅으로 이동 중이었는데 이르쿠츠크파와 상해파의 갈등이 더욱 증폭되면서 내전으로 번졌고, 이 내전에서 무고한 독립군 부대들까지 휘말리면서 '자유시 참변'이라는 비극이 벌어졌다. 이때 이동휘는 레닌을 만나기 위해 모스크바로 향하는 길이었기에, 이 참극의 현장에서 벗어나 있었다. "나누면 망하고 합하면 흥하나니."라고 외쳤던 그의 염원이 무색하게, 내부의 분열과 희생을 지켜보며 이동휘는 깊은 비통함을 감출 수 없었다.

수학적으로 보았을 때, 인생에서 우리가 맺는 모든 인연은 기적에 가까운 확률로 이루어진다고 한다. 이는 어떤 인연이든 그 가치를 숫자로 환산할 수 없을 정도로 소중하다는 의미이다. 더욱이 단순히 지인으로만 남는 관계가 아니라, 한 배를 탄 공동의 운명체라면 그 만남은 더 귀하게 여겨야 마땅하다. 하지만 우리는 자주 마주하는 사람일수록 그 존재를 익숙하게 여겨 소중함을 잊어 버리곤 한다. 그 순간, 우리가 함께 탄 배는 끝없이 몰아치는 파도의 풍랑 속에서 위태로워질 수밖에 없다. 만경창파의 거센 파도 앞에서 우리는 서로를 돕고 지켜 주고 있는지, 같은 배를 탄 이들을 다시금 떠올려 보자.

이동휘(李東輝, 1873~1935)
러시아 한인 독립운동의 지도자로, 러시아로 망명하기 전 신민회의 간부로서 활동하기도 했다. 망명 이후에는 한인 사회당을 조직하고 인재 양성을 위한 군사학교를 설립했으며, 이후 대한민국 임시 정부 초대 국무총리로 선임되어 조직과 외교 기반을 확립했다. 정부는 그의 공훈을 기려 1995년 건국훈장 대통령장을 추서했다.

"나누면 망하고 합하면 흥하나니, 만경창파에 풍도가 위험한데,
같이 탄 배 안에서 서로 돕고 구제하지 않겠는가?"

• 어제의 이동휘가 오늘의 나에게 •

47

이제 이 말뚝을 뽑아 버려야겠소
- 김규식 -

유서 깊은 노론 벽파 가문에서 태어나, 미국의 프린스턴 대학원에서 영문학 석사 학위까지 따낸 김규식은 당시로서는 보기 힘든 고학력자였다. 뛰어난 학식과 탁월한 배경을 바탕으로 일본으로부터 많은 회유가 있었지만 김규식은 모든 스카웃 제의를 거절하고 독립운동에 투신했다.

1918년, 그는 상하이에서 신한 청년당을 창설하며 항일 투쟁의 막을 올렸다. 이듬해인 1919년, 한국의 독립 열망을 세계에 직접 알리기 위해 그는 태평양을 건너 파리 강화 회의로 향했다. 김규식은 파리 강화 회의에 서한을 보내고, 각국의 대표들과 언론에 독립 홍보 문서를 배포하며 조국의 독립을 호소했다. 이후에는 대한민국 임시 정부에도 몸을 담았지만, 국민 대표 회의에서 극심한 내부 갈등이 표출되자 잠시 임시 정부를 떠나기도 했다. 그럼에도 불구하고, 그는 다시 돌아와 김구와 함께 임시 정부 재건에 크게 기여했다. 일제의 그림자를 피해 중국 각지를 떠돌던 대한민국 임시 정부가 마침내 충칭에 안정적인 기반을 마련하자, 김규식은 김구 주석에 이은 부주석의 중책을 맡아 독립운동의 구심점 역할을 수행했다.

수많은 이들의 염원 속에 해방이라는 꿈은 현실이 되었으나, 안타깝게도 한반도의 주권은 미소 양국의 군정으로 갈라졌다. 오랜 망명 생활을 했던 김규식을 포함한 임시 정부 인사들은 승리한 조국의 지도자가 아닌, 개인의 자격으로 쓸쓸히 고국 땅을 밟아야 했다. 해방과 동시에 불어닥친 좌우익 이념의 대립은, 그토록 갈망했던 '독립'이라는 꿈을 '통일'이라는 새로운 비원(悲願)으로 바꾸어 놓았다. 당시 중도 세력을 표방했던 김규식은 양 진영 모두의 비난을 감수해야 했고, 때로는 생명의 위협을 느끼는 아찔한 순간들도 겪었다. 그럼에도 민족의 분단만큼은 막아 내고자 했던 그는, 여운형과 힘을 합쳐 좌우 합작 운동에 매달렸다. 초기에 열화와 같은 지지를 받았던 이 운동은, 여운형이 극단주의자의 총탄에 쓰러지면서 좌절되고 말았다.

좌우 양 진영의 화합이 무산된 이후에도 희망의 끈을 놓지 않았던 김규식은, 민족의 분단을 막기 위해 김구와 함께 총력을 기울였으나, 이미 38선 이남의 이승만과 38선 이북의 김일성이 각기 단독 정부 수립을 위한 준비를 시작하며 분단은 돌이킬 수 없는 현실로 다가오고 있었다. 그러나 김규식은 마지막 희망을 품고 김일성을 설득하고자, 비장한 각오로 38선을 넘어 이북으로 향했다. 그 중대한 발걸음 앞에서 그는 다음과 같은 말을 남겼다.

"이제 이 말뚝을 뽑아 버려야겠소."

하지만 김규식이 그토록 염원했던 통일 정부 수립은 결국 좌절되었고, 한반도는 분단이라는 아픈 현실을 마주해야 했다. 일제 치하에서 독립을 염원했던 세대는 광복의 기쁨을 온전히 누리지 못하고 오히려 분단의 비극을 후세에 남겼으며, 통일은 영원한 과제로 남았다. 위도 38도선에 박혔던 그 보잘것없는 말뚝 하나는, 민족의 가슴에 쉽게 지울 수 없는 갈등과 단절의 상처를 새겼다. 분단 이후 수십

년이 흐르고, 사회가 더욱 복잡해지면서 이제는 눈에 보이지 않는 수많은 말뚝들이 우리 사회 곳곳에 박혀 새로운 형태의 갈등과 단절을 만들어 내고 있다.

사회가 발전하고 개인의 가치관이 다양해지면 공동체 내 갈등은 필연적으로 발생하기 마련이다. 하지만 이러한 갈등을 현명하게 해소하기보다, 오히려 더 많은 '말뚝'을 박아 새로운 분열을 조장하고 있는 것은 아닌지 우리가 깊이 성찰해야 할 때이다.

김규식(金奎植, 1881~1950)
해방 이후 통일을 염원한 정치가이자 독립운동가로, 신한 청년당을 조직하는 데 주역으로 참여했다. 파리 강화 회의에 한국 대표로 파견되었으며, 대한민국 임시 정부에서 부주석을 맡았다. 해방 이후에는 남북 협상 대표로 활동하며 남한 단독 선거 반대 입장을 고수했다. 정부는 그의 공훈을 기려 1989년 건국훈장 대한민국장을 추서했다.

"이제 이 말뚝을 뽑아 버려야겠소."

• 어제의 김규식이 오늘의 나에게 •

48

빼앗긴 들에도 봄은 오는가
- 이상화 -

이상화는 한국 근대 문학사에서 빼놓을 수 없는 민족 시인이다. 아마 우리 모두 학창 시절, 그의 시 「빼앗긴 들에도 봄은 오는가」를 읽고는 자신도 모르게 강렬한 민족의 혼을 느꼈을 것이다. 이상화는 비극적 현실과 그럼에도 불구하고 꺾이지 않는 희망을 서정적인 시어 속에 담아 민족정신을 깊이 있게 전달했다.

이상화의 시 세계에 대해 일부 연구에서는 단군(한배검)을 상징하는 대종교의 '검' 개념과 하늘, 땅, 인간을 하나로 보는 '삼신일체 철학'이 간접적으로 영향을 주었을 것이라고 해석한다. 이러한 관점은 「빼앗긴 들에도 봄은 오는가」에서도 유효하게 적용될 수 있다. 이 시는 '삼신일체 철학'에 입각한 생명과 조화의 원리를 통해 폭력과 지배에 대항하면서, 우리 민족 공동체의 이상적 지향점을 형상화했다고 평가받는다.

> "빼앗긴 들에도 봄은 오는가?
> 나는 온몸에 햇살을 받고
> 푸른 하늘 푸른 들이 맞붙은 곳으로
> 가르마 같은 논길을 따라 꿈속을 가듯 걸어만 간다"
>
> -「빼앗긴 들에도 봄은 오는가」 중 -

자연과 인간의 합일, 강산과 국토에 새겨진 얼을 깊이 들여다보면, 이 시가 단순한 저항시가 아니라 우리 민족과 산하에 대한 더없이 깊은 애정을 품고 있음이 드러날 것이다. 이상화는 이러한 깨달음 속에서 자연합일이라는 전통적 생태관과 민족 저항적 투쟁을 그의 작품에 담아내고자 했다.

예술가들은 자신의 사상과 가치를 작품으로 말한다. 때로는 은유적이고 상징적인 예술가들의 언어가 힘이 없다고 과소평가되기도 하지만, 오히려 상황에 따라서는 예술의 언어가 훨씬 강력한 힘을 발휘하기도 한다. 직접적인 외침이 아닌, 예술이라는 또 다른 방식으로 자신의 목소리를 내며 저항하는 이들도 있기 때문이다.

거대한 하나의 무대만을 만들어 그 위에서만 의견을 개진하는 것과 크고 작은 수많은 장소에서 여러 갈래의 목소리를 자유로이 내는 것은 차원이 다른 문제이다. 사회가 살아 움직이려면 다채로운 목소리가 필요하고, 그 목소리를 담아낼 수단 역시 다변화되어야 한다.

이상화(李相和, 1901~1943)
저항 시인으로, 만세 시위와 신간회 대구지회 및 ㄱ당(만주 독립운동 단체) 등에서 활동했다. 또, KAPF 창립 회원으로 참여했으며, 의열단 이종암 사건과 장진홍 조선은행 폭탄 사건에 연루되어 대구경찰서에 구금되기도 했다. 정부는 그의 공훈을 기려 1990년 건국훈장 애족장을 추서했다.

"빼앗긴 들에도 봄은 오는가?
나는 온몸에 햇살을 받고
푸른 하늘 푸른 들이 맞붙은 곳으로
가르마 같은 논길을 따라 꿈속을 가듯 걸어만 간다"

• 어제의 이상화가 오늘의 나에게 •

49

오늘 하루
하늘을 우러르고 싶다
- 김영랑 -

예술계에는 쉽게 결론 내릴 수 없는 논쟁이 있다. 바로 '예술은 현실에 참여해야 할 의무가 있는가.', 아니면 '그럴 필요 없이 온전히 예술로서만 존재할 수 있는가.'에 대한 것이다. 한국 예술사에서는 일제 강점기를 기점으로 이 논쟁이 본격화되었다. 3·1 운동 이후 한반도에 사회주의 사상이 퍼지고, 노동자·농민 운동이 성장하면서 일부 예술가들은 예술의 사회적 역할에 대해 고민하기 시작했다. 그 결과, 이들은 조선프롤레타리아예술가동맹(KAPF)을 결성하여 문학을 통한 정치적 투쟁을 주장했다. 이에 반발해, 문학은 정치나 사상에서 벗어나 오직 예술 본연의 순수성을 지켜야 한다고 여긴 예술가들이 모여 시문학파를 결성했다.

순수시 운동을 주도했던 시문학파의 대표적인 시인이 바로 김영랑이다. 그는 본격적으로 시인이 되기 전 음악인을 꿈꾸었던 만큼 음악에 대한 깊은 애정을 지녔다. 고향인 전남 강진에 머무르다 경성에서 음악회가 열린다는 소식을 들으면 고민 없이 길을 나설 정도로, 음악에 대한 열정은 남달랐다. 그런 그가 시를 쓸 때 음악적 리듬과 운율을 담아낸 것은 자연스러운 일이었다. 김영랑은 슬픔과 같은 감정을 시어에 담되, 과장 없이 절제된 방식으로 시적 정서를 표현했다. 또한, 그는 시에 제목을 잘 붙이지 않는 것으로도 유명했다. 명확한 이유가 밝혀져 있지는 않지만, 시를 제목으로 규정지음으로써 작품 간의 구분을 짓거나, 독자가 제목을 통해 미리 시의 의미를 단정 짓는 것을 경계한 데서 비롯되었음을 짐작할 수 있다. 그래서 한 문학 평론가는 "김영랑의 시는 낭독하는 것이 아니라 노래해야 한다."라고 평했다. 그는 섬세한 언어 감각과 정제된 감성을 시적 율조 속에 녹여 내며, 자신만의 언어 미학과 음악성을 구현했다.

> "돌담에 속삭이는 햇발같이
> 풀 아래 웃음 짓는 샘물같이
> 내 마음 고요히 고운 봄 길 위에
> 오늘 하루 하늘을 우러르고 싶다"
>
> －「돌담에 속삭이는 햇발」 중 －

김영랑은 이렇게 삶의 구체에 뿌리를 박고 그 굴곡과 경험에 대한 내용을 진술하기보다는, 삶의 단편적이고도 순간적인 느낌과 인상을 드러내는 데 더 주력했다. 그러나 그의 이러한 예술성은 '일제 강점기라는 시대적 상황을 반영하지 않은, 시대 의식이 전무한 작품'이라는 비난에서 피할 수 없었다.

예술의 현실 참여적 의무를 둘러싼 논쟁에 대해서는 쉽게 결론 내릴 수 없다. 결국 양측의 주장 모두 일리가 있으며, 이를 인정하는 양시적인 관점이 가장 온당한 답일지도 모른다. 확실한 건 예술성을 좇던 예술가들도 시대적 괴로움과 고뇌에 시달렸다는 것이고, 그저 이에 대한 대답을 저마다의 작품으로 표현했을 뿐이다. 누군가는 암흑기에 앞만 바라보며 싸움에 나갈 수도 있지만, 누군가는 잠시 멈추어 하늘을 우러러 보며 세상의 성질을 예술의 언어로 표현할 수도 있다. 예술은 어두운 현실에 대해 예기치 못한 해답을 내놓을 수도 있다. 어쩌면 어두운 현실일수록 예술의 힘에 대한 더 깊은 고민이 필요한 것은 아닐까?

김영랑(金永郎, 1902~1950)
한국 서정시를 대표하는 시인으로, 순수시를 쓰는 시문학파를 결성했다. 일본 유학생 시절 독립 자금을 지원하고 조선인 학생 독립 만세 운동에 가담했으며, 창씨개명과 신사 참배를 거부하기도 했다. 광복 후에는 공보처 출판국장을 지냈다. 정부는 그의 공훈을 기려 2018년 건국포장을 추서했다.

"돌담에 속삭이는 햇발같이
풀 아래 웃음 짓는 샘물같이
내 마음 고요히 고운 봄 길 위에
오늘 하루 하늘을 우러르고 싶다"

• 어제의 김영랑이 오늘의 나에게 •

50

나의 길은 언제나 새로운 길, 오늘도 내일도

- 윤동주 -

하늘을 우러러 한 점 부끄럼 없기를 지향했던 시인 윤동주. 그는 당신의 시를 읽는 독자들에게 부끄러움의 가치와 별을 동경하는 순수성을 전달해 주며, 그렇게 영원한 젊음의 상징이 되었다.

사촌이자 가장 가까운 벗이었던 송몽규와 윤동주는 어릴 적부터 함께 문학의 꿈을 키웠다. 윤동주는 지극히 섬세한 감성을 지녔던 반면, 송몽규는 불의를 보면 주저 없이 나서는 강직한 성격이었다. 서로 다른 빛깔의 두 사람은 연희전문학교 문과에 나란히 입학했다. 대학 시절 윤동주는 직접 창작한 시를 짓고 동인지에 실었으며, 송몽규는 그 동인지의 편집과 간행을 책임지기도 했다.

연희전문학교 졸업 후, 두 사람은 함께 일본 유학길에 올랐다. 윤동주는 도시샤대학교 영문학과에, 송몽규는 교토제국대학교 사학과에 입학했다. 하지만 송몽규는 학업보다 민족 활동에 전념했고, 이내 일본 경찰의 감시 대상이 되었다. 결국 그는 1943년 7월, 귀향을 앞두고 조선인 유학생들을 모아 조선의 독립과 민족 문화 수호를 선동했다는 죄목으로 일본 경찰에 체포되었다. 이때 윤동주 역시 송몽규와 뜻을 함께했다는 죄목으로 체포되었다. 평생을 함께했던 두 사람은 후쿠오카 형무소에서 모진 고문을 받고 의문의 생체 주사를 맞은 뒤, 나란히 순국했다.

윤동주는 나라를 빼앗긴 암울한 시대에 시를 쓰고 꿈을 꾸는 자신의 방향이 과연 옳은지 끊임없이 고뇌했다. 그리고 이 모든 방황과 불안, 그리고 적극적인 항거에 참여하지 못한 스스로에 대한 부끄러움까지 자신의 시에 담아냈다.

> "인생은 살기 어렵다는데
> 시가 이렇게 쉽게 씌어지는 것은
> 부끄러운 일이다"
> − 「쉽게 씌어진 시」 중 −

> "파란 녹이 낀 구리 거울 속에 내 얼굴이 남아 있는 것은
> 어느 왕조의 유물이기에 이다지도 욕될까"
> − 「참회록」 중 −

암울한 시대 속에서도 별을 동경했지만, 시대의 거친 흐름에 휩쓸려 무기력하게 흘러가는 자신의 삶에 깊은 부끄러움을 느낀 윤동주는, 그에 대한 반성과 자책을 시에 담았다. 그렇게 탄생한 시는 오늘날 별이 되어, 우리에게 방황 또한 삶의 일부이고 그 자체로 의미 있는 자산이라며 위로를 건넨다.

"나의 길은 언제나 새로운 길

오늘도…… 내일도……"

− 「새로운 길」 중 −

윤동주는 스스로를 부끄러워할 줄 아는 용기를 통해 방황하는 이들에게는 진정한 자신을 찾는 법을, 현실에 낙담한 이들에게는 희망을 노래하는 법을, 그리고 메마른 감성을 가진 이들에게는 진심으로 사랑하는 법을 알려 주었다. 윤동주는 자신이 걸어온 길에 대해 때로 두려움과 불안함을 느끼기도 했지만, 그의 내면 깊숙한 곳에서 우러나온 투명하고 순결한 고백은 다음 세대에게 영원히 지워지지 않을 강력한 발자국으로 남아 있다.

윤동주(尹東柱, 1917~1945)

시인이자 독립운동가로, 연희전문학교를 졸업한 후 일본 유학길에 올랐으나 항일 운동의 혐의를 받고 일본 경찰에 체포되어 감옥에서 순국했다. 정부는 그의 공훈을 기려 1990년 건국훈장 독립장을 추서했다.

"인생은 살기 어렵다는데
시가 이렇게 쉽게 씌어지는 것은
부끄러운 일이다"

_____
_____
_____
_____
_____
_____
_____
_____
_____

"파란 녹이 낀 구리 거울 속에 내 얼굴이 남아 있는 것은
어느 왕조의 유물이기에 이다지도 욕될까"

"나의 길은 언제나 새로운 길
오늘도⋯⋯ 내일도⋯⋯"

· 어제의 윤동주가 오늘의 나에게 ·

51

현대는 조선 청년에게 행운을 주는 득의의 시대이다

– 한용운 –

대한 제국의 미래가 암울하게 기울던 개항기에, 한용운은 세속을 버리고 출가했다. 그는 기존의 안이하고 소극적이었던 불교계에 깊이 탄식하며, 종교계가 보다 적극적으로 사회 활동에 참여해야 한다고 생각했다. 이에 『조선불교유신론』을 저술하며 불자들의 사치 풍조와 과도한 숭배 의식을 최소화하고, 승려들이 현실적인 문제에 적극적으로 개입해야 한다는 '불교의 실천성'을 강조했다. 한용운은 '믿음'으로서의 종교보다는 '사상'으로서의 종교를 역설했고, 나이가 적극적인 사회 참여와 실천을 도모한 것이다.

불교계의 큰 어른으로 자리매김한 한용운은 3·1 운동의 기획 단계부터 참여하여 직접 민족 지도자들을 설득했고, 마침내 이들을 하나로 규합했다. 1919년 3월 1일, 그의 노력 덕분에 각 종교계 거두들로 구성된 민족 대표 33인이 독립 선언식을 거행했다. 그리고 그날, 한용운이 작성한 기미 독립 선언서의 '공약 삼장'이 역사의 현장에 울려 퍼졌다. 그는 공약 삼장에 우리 민족의 독립 의지와 더불어 비폭력 원칙이라는 중요한 지침을 담아냈다. 또, 그는 청년 승려들에게 선언서를 배포하도록 하여 3·1 운동이 전국으로 확산되는 데 기여했다. 3·1 운동으로 인해 투옥된 한용운은 3년이라는 긴 옥고를 치렀고, 석방된 이후 문학 활동에 활발히 임했다.

인제 백담사에서 약 88편의 시를 집필한 그는 경성으로 돌아와 이를 시집으로 엮어 『님의 침묵』을 발표했다. 그는 문학을 철학·종교와 밀접하게 연결시키고, 삶과 죽음, 존재와 비존재 등 깊은 철학적 질문들을 던졌다. 또, 서정시를 기본으로 삼되 어렵게 느껴지는 관념적인 시어들을 감각적이고 구체적으로 표현하여 한국 근대시의 지평을 새롭게 열었다. 한용운은 궁극적으로 구체적이고 행동주의적인 신념을 작품 속에 담아냈다.

시인, 승려, 진보적 불교 개혁가, 민족주의자, 독립운동가 등 수많은 수식어가 따라붙는 한용운. 그는 항일 투쟁에 임하는 청년들을 적극적으로 지원했다. 1920년대, 한용운은 중앙학림의 젊은 학승들을 규합하여 조선불교청년회를 조직했다. 여기서 사찰령과 같은 일제의 불합리한 불교 탄압 정책에 맞선 그는 수많은 불교 청년들의 존경과 지지를 얻었다. 그는 자신의 뒤를 이을 청년들에게 아래와 같은 말을 남겼다.

"조선 청년은 시대적 행운아이다. 바꾸어 말하자면 현대는 조선 청년에게 행운을 주는 득의의 시대이다. 조선 청년의 주위는 역경인 까닭이다. 역경을 깨치고 아름다운 낙원을 자기의 손으로 건설할 만한 기운에 재회하였다는 말이다."

한용운은 역경을 단순히 '고통'으로 여기지 않았고, 오히려 '행운'이라 표현하며 자신만의 통찰을 보여 주었다. 그는 청년이기에 역경을 견디는 것이 당연하다고 치부하는 일반적인 시각에 동의하지 않았다. 대신 시대 자체가 청년에게 시련을 던지는 현실임을 직시했고, 청년은 그 역경에 던져진 피투성(被投性)의 존재라고 보았다. 하지만 바로 그 역경 속에서 '실천'의 의지를 보인다면 기회와 성장의 자양분을 찾을 수 있으며, 자신의 힘으로 아름다운 낙원을 만들어 낸 뿌듯함을 이윽고 경험할 수 있음을 역설했다.

한용운(韓龍雲, 1879~1944)
승려이자 시인으로, 『조선불교유신론』을 저술해 불교 혁신과 민족 계몽을 주장했으며, 3·1 운동 당시 민족 대표 33인의 일원으로 독립 선언서에 서명했다. 이후 신간회 창립 회장 겸 경성지회장으로 선출되어 청년·민중 운동과 민립 대학 설립 운동을 주도했으며, 시집 『님의 침묵』을 발표해 저항 문학의 상징이 되었다. 정부는 그의 공훈을 기려 1962년 건국훈장 대한민국장을 추서했다.

"조선 청년은 시대적 행운아이다. 바꾸어 말하자면 현대는 조선 청년에게 행운을 주는 득의의 시대이다. 조선 청년의 주위는 역경인 까닭이다. 역경을 깨치고 아름다운 낙원을 자기의 손으로 건설할 만한 기운에 재회하였다는 말이다."

_____

_____

_____

_____

_____

· 어제의 한용운이 오늘의 나에게 ·

- 에필로그 3 -

미래를 꿈꾸었던 사람들

국권을 상실한 암울한 시대에 나라를 되찾기 위해 헌신했던 독립운동가들이 오늘날의 한국 사회를 본다면, 어떤 생각을 할까? 그들은 무엇에 흡족해하고, 또 무엇에 아쉬움을 느낄까? 과연 현재의 대한민국은 그분들의 기대에 부합하는 모습을 갖추고 있을까?

독립운동가들은 단순히 국권 회복을 목표로 삼지 않았다. 의병 활동이 외세를 물리쳐 조선(혹은 대한 제국)의 보존을 추구했다면, 독립운동은 되찾은 나라를 완전히 새로운 형태의 국가로 만드는 것을 목표로 했다. 즉, 독립운동가들은 각자가 지향하는 이상적인 국가상이 있었으며, 어쩌면 그 미래의 국가상을 향한 기대감이 독립운동의 원동력이 되었을지도 모른다.

나라를 지키고자 했던 이들의 방향성은 분명 달랐으나 공통적으로 염원한 모습은 있었다. 설령 자신의 생각과 다르더라도 서로를 배제하거나 차별하지 않고 다름을 인정하며, 각자의 개성으로 조화로운 사회를 이루는 나라를 꿈꾸지 않았을까?

수많은 자기계발서에는 어떻게 하면 인생을 윤택하게 하고, 가치관을 잘 가꾸어 나갈 수 있는지 알려 준다. 하지만 자신이 속해 있는 사회에 일조하는 법에 대한 서술은 미흡한 편이다. 인간은 홀로 존재할 수 없으며, 필연적으로 공동체를 이루고 그 일원이 될 수밖에 없다. 만약 독립운동가들이 오늘날의 우리를 본다면 물질적 풍요를 누리고, 세계로 뻗어가는 역동적인 한국의 모습에 흡족해할 것이다. 다만, 조화로움과 화합의 측면에 있어서 그들이 온전히 만족하리라 자신하기는 어렵다.

우리 역사 속에는 분명 아쉬운 순간들이 존재한다. 하지만 우리는 우리가 겪은 그 안타까움과 아쉬움을 결코 다음 세대에게 대물림해서는 안 된다. 이를 위해 우리 스스로 민족의 화합을 미래 가치로 삼았던 선배들의 뜻과 지혜를 깊이 새겨야 한다. 이제, 우리는 어떤 미래를 함께 그려나가야 할 것인가?

Q & A

"나만의 인생을 위해 달려가는 과정에서

놓치는 가치는 없는가?"

Q & A

"나와 다른 타인의 가치에 어떻게 반응하는가?"

Q & A

"나는 과연 사과할 줄 아는 용기와
용서할 줄 아는 용기를 가지고 있는가?"

나오는 말

'나'다운 삶을 찾는 수단인 역사

역사를 배우는 이유를 묻는다면 "나다운 삶을 찾는 수단을 얻기 위해서."라고 대답하고 싶습니다. 독립운동가를 의사, 열사, 지사로 나누고 그분들로부터 얻을 수 있는 공감과 조언 그리고 교훈을 정리해 보았지만, 이 중에는 동의하는 부분도, 동의하지 않은 부분도 있으리라 생각합니다.

과거와 역사는 엄연히 다른 개념입니다. 과거에 있었던 모든 순간들에 각자의 해석이 가미되어 재탄생한 것이 바로 역사입니다. 따라서 독립운동사를 통해서 각자가 느끼고 얻은 것이 있다면, 그것이야말로 자신만의 역사를 만든 것입니다.

이 책의 기획 의도는 독립운동가의 활약상을 외워 지식을 얻는 것이 아닌, 앞서 살았던 그들의 인생 이야기를 읽고 쓰며 우리가 어떻게 살아가야 하는지에 대한 본보기로 활용하는 것입니다.

세상에 태어나 살아가고 있는 이상 우리는 존재의 가치를 입증하기 위해 부단히 노력하게 됩니다. 그 과정에서 자신의 존재 가치를 의심하고, 세상에 상처받거나 매정해지는 순간도 오게 되겠지요. 그럼에도 여전히 살아갈 이유와 가치가 있다고, 좀 더 '나'다워져도 되고, 자신감 있게 이것저것 맘껏 도전해 봐도 된다고, 독립운동가들은 이렇게 우리를 응원하고 있지 않을까요? 한 사람 한 사람이 꿈을 향해 도전하는 사회야말로 그들이 염원했던 이상적인 국가의 모습이었으니 말이죠.

우리는 가끔 일제 강점기라는 특수한 시대성 때문에 한국의 독립운동사에 심리적 거리감을 두기도 합니다. 사실, 먼일처럼 느껴지기도 하죠. 하지만 독립운동가들을 그저 대단한 존재로만 여기고 그들을 현재와는 동떨어진 이들이라고 생각한다면, 독립운동가와 그 역사는 정말로 과거에만 머물 뿐입니다. 그렇게 된다면, 개인에게 고난과 역경이 찾아올 때 그들의 가르침을 인지하지 못하고 모든 고통을 고스란히 겪게 되겠죠.

독립운동가들도 우리와 같은 일상을 살아가는 사람이었기에, 그들이 과거에 겪은 고민과 그 끝에 달성한 성찰은 현재의 우리에게 가르침을 줄 수 있습니다. 따라서 그들을 진정으로 대단하고 본받을 만한 존재로 여기기 위해, 먼저 인간적인 면모를 중심으로 그들의 삶을 살펴보는 것은 어떨까요?

독립운동가들의 방향은 저마다 달랐습니다. 마찬가지로 우리의 삶에도 다양한 방식이 존재하고, 하고 싶은 일을 추진하는 길도 여러 갈래일 수 있습니다. 따라서 유연한 사고와 융통성을 가지는 것이 중요합니다. 독립운동의 다양한 방향이 모여 우리의 역사에 기여하고 후대가 지금의 시대를 살아갈 수 있도록 도왔듯이 헤아릴 수 없는 우리 각자의 개성이 모여 역사는 만들어집니다. 여러분의 삶과 그 속에서 이뤄지는 도전은 그 자체로 의미가 있고, 지금 이 순간도 역사의 한 줄기가 되고 있다는 사실을 잊지 마시길 바랍니다.

불가능하다고 느껴지는 꿈에도 용기 내 도전하고, 신념과 이상에 따라 의미 있는 삶을 살며, 자신이 속한 사회의 문제를 현명하게 풀어 나가는 것. 이러한 실천을 통해 삶이 진정으로 '나'다워 질 때, 우리는 독립운동가 선배들 앞에 더 당당해질 수 있을 것입니다.

> "자기를 아끼고 사랑할 줄 아는 사람이 비로소 남을 사랑하고
> 나아가 나라를 사랑하고 세상을 이롭게 할 수 있다."
> – 안창호 –

저자 **이영**

좋은 책을 만드는 길, 독자님과 함께 하겠습니다.

내 삶에 찾아온 역사 속 한 문장 필사노트
독립운동가편

초 판 발 행	2025년 08월 05일 (인쇄 2025년 07월 18일)
발 행 인	박영일
책 임 편 집	이해욱
저 자	이영
편 집 진 행	이미림 · 박누리별 · 백나현 · 김하연
표지디자인	조혜령
편집디자인	최혜윤 · 고현준
발 행 처	시대인
공 급 처	(주)시대고시기획
출 판 등 록	제10-1521호
주 소	서울시 마포구 큰우물로 75 [도화동 538 성지 B/D] 9F
전 화	1600-3600
팩 스	02-701-8823
홈 페 이 지	www.sdedu.co.kr

I S B N	979-11-383-9652-3
정 가	20,000원

※ 이 책은 저작권법의 보호를 받는 저작물이므로 동영상 제작 및 무단전재와 배포를 금합니다.
※ 잘못된 책은 구입하신 서점에서 바꾸어 드립니다.